D1697634

Carlo Weichert

»Zum 1. Schuljahr:
Alles Liebe… Dein Papa.«

Carlo Weichert

Heilpraktiker und Psychotherapeut

»Zum 1. Schuljahr:

Alles Liebe…
Dein Papa.«

*Zwei Kinderseelen im
Konflikt
zwischen Schule, Elternhaus und
eigenen Bedürfnissen*

*Erzählt von einem Vater
und Psychotherapeuten*

ISBN-Nr. 3-932685-00-8

 Copyright 1997 bei
Verlag Lebendige Psychologie und Naturheilkunde
Carlo Weichert
Anschrift des Verlages:
Oberweißenkirchen 1, 83349 Palling

Vochezer-Druck, 83368 St. Georgen

Dieses Buch widme ich
meinem Sohn

MARCUS

Vorwort:
Für meinen Freund Carlo

Als mir mein Freund Carlo das erstemal das Manuskript seiner
»Papa-und-Marcus-Geschichten« zusteckte mit den Worten
»Lies mal...!«, hatte ich noch keine Vorstellung von dem, was
mich da erwartete.

Ganz im Gegenteil: als Kinderpsychologin wußte ich, daß es
Bücher mit Geschichten über Kinder bereits zur Genüge gibt,
und ich fragte mich eigentlich, warum er die bereits vorhan-
dene, schier unüberschaubare Menge an Büchern dieser Art
um ein weiteres zu vermehren gedachte.

Als ich dann endlich einen Augenblick Zeit fand um einen Blick
in die ersten Seiten zu werfen, wußte ich mich bald eines
Besseren belehrt, und ich hatte Mühe, das Buch wieder zu
schließen und aus der Hand zu legen, weil es mich fesselte.

Man kann diese Vater-und-Sohn-Lebensgeschichten nicht in
die Reihe der übrigen Bücher über Kinder einfügen. Die Beson-
derheiten dieser Marcus-Geschichten liegen zum einen darin,
daß hier ein Vater über sich und besonders seinen Sprößling
schreibt und nicht, wie sonst häufig, eine Mutter oder noch
häufiger Autoren(innen), die viele pädagogische und psychologische Weisheiten über Kinder anbieten, die aber selbst keine
eigene Kinder- bzw. Familienerfahrungen haben.

Doch hier handelt es sich auch nicht nur um einen Vater, sondern um einen Vater, der auch gleichzeitig Psychotherapeut
und begeisterter Papa ist.

6

Als Vater und Psychotherapeut vermengt er auf einzigartige Weise sein persönliches Erleben mit seinem fachlichen Wissen:

denn er läßt den Leser daran teilhaben, wie stark er, damals 34jährig, als werdender Vater plötzlich wieder mit seiner eigenen schlimmen Kindheit und Jugendzeit konfrontiert wird, und wie in der Folge durch seinen Sohn immer wieder seine eigene dramatische Vergangenheit als Kind aufgerührt wird – aber wie eben durch seinen Sohn die alten Wunden der eigenen Kindheit auch langsam zur Heilung gebracht werden.

Aber nicht nur in diesem Sinn sind diese Geschichten einzigartig, sondern dank der Seelengröße, Sensibilität und fachlichen Erfahrung meines Freundes Carlo gelingt es ihm besonders, sich in seine eigene kindliche Erlebnis-, Denk- und Gefühlswelt und in die seines Sohnes einzufühlen und diese darzustellen. Er nimmt den Leser auf diese Reise mit, so daß sich auch für ihn die kindliche Seele wie ein aufgeschlagenes Buch offenbart, in dem man nur zu lesen braucht, um zu verstehen.

Jeder, der dieses Buch liest, wird hier in sehr einfühlsamer, spielerischer und packender Art und Weise, ja fast ohne es zu merken, mit den psychologischen Fundamenten des kindlichen Seelenlebens vertraut gemacht. Er erfährt auf einfache Art, wie stark die eigenen Kindheitserfahrungen noch häufig in uns Erwachsenen mitschwingen, insbesondere wenn wir mit Kindern, eigenen oder fremden, zu tun haben, und wie wir uns bewußt oder unbewußt in ihnen spiegeln.

Aus meiner Sicht als Kinderpsychologin sollte dieses Buch zur

Pflichtlektüre für alle Eltern werden, wenn ein Kind geboren wird, sozusagen schon einmal zur gemeinsamen Vorbereitung für später.

Aber nicht nur für Eltern wäre dieses Buch ein wertvolles Geschenk, sondern auch Erzieher/Erzieherinnen und Lehrpersonen könnten ihren Nutzen daraus ziehen.

Sie könnten durch dieses Buch lernen, ihre durchaus auch machtvolle Stellung nun einmal aus völlig anderer Perspektive zu betrachten, nämlich aus der Eltern-Kind-Perspektive. Denn insbesondere im Volksschulalter übernimmt der/die Lehrer(in), wie in keiner anderen frühen Phase, Vater- oder Mutterrolle für das Kind.

Der/die Lehrer(in) bekommt damit einen nicht zu unterschätzenden Einfluß auf die positive bzw. negative Prägung und seelisch-geistige Entwicklung eines Kindes im Schulbeginn-Alter und für sein späteres Schul- und Erwachsenenleben.

Der Verantwortung, die diese Position zwangsläufig mit sich bringt – besonders für sensible Kinder –, ist sich nicht jede/r Lehrer(in) bewußt, wie es auch leider in diesen Marcus-Geschichten sichtbar wird.

Ich denke mir weiter, so wie jedes Kind an seinem ersten Schultag eine Schultüte geschenkt bekommt, sollten alle Eltern aber spätestens am ersten Schultag ihres Kindes dieses Buch lesen, welches sie in die neue Lebensphase ihres Kindes einführt und weitgehend auf diesem Weg begleitet.

Sie hätten die Chance, durch die Marcus-Geschichten die Seele ihres Kindes, aber was noch wichtiger ist, durch die

8

Papa-Geschichten sich selbst besser verstehen zu lernen, denn, wenn Eltern sich besser verstehen, sie auch ihre Kinder besser verstehen können.

Eine gutgemeinte Erinnerung an leistungsbezogene Lehrkräfte besonders des 1. Schuljahres wäre dieses Buch auch, damit sie nicht vergessen, daß sie es mit Kindern, d.h. mit noch leicht (ver-)formbaren Seelenwesen zu tun haben, und nicht nur mit der Erfüllung von Lehrplänen.

Bozen, im Dezember 1996   Dr. Petra Del Monego
                                 Klinische Psychologin
                                 Kinderpsychologin

Teil 1

Von meinem Sohn Marcus

Teil 2

Von Papa:

seiner Kindheit, seiner Welt,
seinen Gedanken und seinen Gefühlen

Teil 3

Von der kindlichen Seele, dem Elternhaus und dem Leben selbst

aus meiner psychologisch-psychotherapeutischen Sicht

Teil 4

Auf dem Weg zum eigenen ICH:

Das Leben ist unser bester Lehrmeister

Teil 1

Von meinem Sohn Marcus:

- seiner Kindheit
- seinem Elternhaus
- seiner Schule
- seinen Gedanken
- seinen Gefühlen
  (wie er sie uns zeigt, und…
  wie ich sie wahrnehme)

»Wenn mein Papa mit mir geht,
dann hat alles einen Namen:
Vogel, Falter, Baum und Blüte.
Wenn mein Papa mit mir geht,
ist die Erde nicht mehr stumm.

Kommt die Nacht und kommt das Dunkel,
zeigt der Papa mir die Sterne.
Er weiß, wie die Menschen leben,
weiß, was Recht und Unrecht ist,
sagt mir, wie ich leben soll.«

Das Königskind

Gedanken zum 1. Teil

Jedes Kind, welches diese Welt betritt, bringt den Anspruch mit, Kronprinz(essin), also Königskind zu sein.

Ameisen und Bienen machen es uns vor. Alle Bewohner ihres Staates sind eigentlich als mögliche Königin geboren, aber nur das Tier, welches bestimmtes Futter, bestimmte Pflege, bestimmte Erziehung und Prägung genießt, wird auch wirklich einmal die wahre und echte Königin sein.

Bei uns Menschen ist das wenig anders. Nur, leider wird das kaum so gesehen.

Genetische Anlagen und seelisch-geistige Wesensanlagen, die wir sozusagen als Erbe schon in die Wiege gelegt bekommen, dann neun Monate Erlebnisse im Mutterleib, bewußte und unbewußte Prägungen, Erziehung, später eigene Lebenserfahrungen in Kindergarten, Schule, Umfeld ... all das bestimmt letztendlich, ob aus einem Kronprinzen schließlich ein echter König **(d. h. ein selbstbewußter Mensch mit Selbstvertrauen, Klarheit, Weisheit usw.)** oder ein verletzter, aggressiver, depressiver, ängstlicher Möchtegern-König wird.

Vielleicht hatte das Königskind aber auch keine Chance, König zu werden, oder es war nicht einmal Königskind – sondern »nur« Mitläufer oder einer unter vielen usw. Es hängt unter Umständen ein Leben lang dieser Sehnsucht nach, trägt evtl. Minderwertigkeitsgefühle mit sich herum und wird deshalb depressiv oder aggressiv. Oder es wird ein Leben lang eine

17

»Arbeitsmaschine«, um über diesen Weg zu zeigen, daß es da ist, und hofft, so als König anerkannt zu werden.

König zu werden, ist eben nicht einfach.

Dieses Buch erzählt von zwei Königskindern im Spannungsfeld zwischen ihrer kindlichen Seele, ihrem Elternhaus und der Schule, auf dem Weg, später einmal selbst König zu werden.

Die kindliche Seelenstruktur meines Marcus zur Zeit seines ersten Schuljahres habe ich hier in Form von Erlebnisschilderungen aufgezeichnet. Ich zeige, wie ich als Vater versucht habe, meinem Königskind im ständigen wechselseitigen Dialog einen Weg für dieses Leben zu weisen und ihm dadurch die Möglichkeit zu geben, zu lernen, was es einmal später für ihn heißen wird, selbst KÖNIG zu sein – und das alles so, wie ich es verstehe ... ohne den Anspruch zu erheben selbst perfekt zu sein – ja oft ganz im Gegenteil.

Meine kindliche Seele, d. h., ein in seiner Kindheit oft verletztes Königskind, stelle ich im zweiten Teil dar.

Die psychologisch-psychotherapeutischen Betrachtungen in Teil 3: »Von der kindlichen Seele« und in Teil 4: »Auf dem Weg zum eigenen Ich« dienen dazu, daß der gesamte, oft unsichtbare Zusammenhang zwischen kindlicher Seele, Schwangerschaft, Kind, Kindheit, Erziehung, Prägung, Elternhaus sowie Erziehung und Prägung auch durch die Schule deutlich wird.

Ich zeige aber, daß trotz aller Widernisse des Lebens, auch durch Lernen der tieferen Inhalte des Lebens selbst, auch durch das gegenseitige Lernen gerade durch meinen eigenen

Kronprinzen, es dennoch möglich ist, einmal ein KÖNIG zu werden, d. h. ein Mensch mit Selbstbewußtsein und Selbstvertrauen.

Die Marcus-Geschichten wurden von mir 1986 und 1987 zur Zeit seines ersten Schuljahres aufgeschrieben. Die vertiefenden psychologischen Betrachtungen dazu sind im Lauf der folgenden zehn Jahre, auch durch meine therapeutische Arbeit mit meinen vielen Patienten und deren Schicksale in mir gereift und nun hier zur Abrundung des Themas wiedergegeben.

Der Verfasser: Carlo Weichert, Papa,
Heilpraktiker, Psycho- und Familientherapeut
geschrieben 1986 bis März 1997

1.
Der erste Schultag

16. September 1986

Lieber Marcus!

Heute war Dein erster Schultag. Kaum daß in der Früh um halb sechs der Wecker klingelte und ich etwas wach wurde, da hörte ich Deine nackten Füßchen schon mit schnellen Schritten durch das Haus tapsen und … plumps, lagst Du auch schon bei mir im Bett. Du warst hellwach, ganz aufgeregt und quirlig.

Du hast mich, wie schon so oft in der letzten Zeit, wieder einmal mit Fragen überschüttet. *»Papa, wie ist es in der Schule? Papa, was tut man da? Papa, warum muß man in die Schule?, Papa, dauert Schule lange?«* Danach kam dann die für Dich wichtigste Frage: *»Papa, bekomme ich auch eine Schultüte? Was ist denn da alles drin?«* usw. usw. usw.

Die Mama und ich, wir haben wieder und immer wieder versucht, Dir auf alle Deine Fragen Antworten zu geben. Beim Frühstück warst Du ganz zappelig und konntest vor lauter Ungeduld und Aufregung kaum etwas essen. Immer wieder kam die Frage: *»Fahren wir endlich?«*

Plötzlich war auch eine Schultüte da. Du hast einen Moment geschaut, wie wenn am Christbaum die Kerzen angezündet werden. Dann kam ein Freudenschrei! Du hast die Schultüte umarmt und diese nicht mehr hergegeben. Am liebsten hättest Du sie natürlich sofort geöffnet und, wie ich Dich kenne, den ganzen Inhalt herausgeschüttet. Aber wir bremsten Dich etwas. Wir sagten Dir, das sei eine SCHULTÜTE und da müsse man etwas geduldig sein, bis man auch wirklich in der Schule wäre. Ich weiß, wir stellten Deine Geduld auf eine harte Probe. Aber Du hast es akzeptiert.

Dann, in der Schule, haben wir Dich in Deinen Klassenraum zu Deiner neuen Lehrerin gebracht, die Du von der Schuleinschreibung schon kanntest. Auch die meisten der Kinder kanntest Du, denn Du bist ja schon lange Zeit mit ihnen im Kindergarten beisammen gewesen.

Du warst ganz aufgezogen, hast gejuchzt, gelacht, und Dein Plappermäulchen stand wie immer überhaupt nicht still. Mit einem Wort: In Dir war eine große Freude.

Wir Eltern wurden aus dem Klassenraum verbannt. Dann stand ich im Schulhof in einer stillen Ecke und dachte an meinen ersten Schultag zurück:

Freude, nein Freude hatte ich zum Anfang an der Schule nicht gefunden. Ganz im Gegenteil: Ich hatte große Angst. Meine Mama und mein zehn Jahre älterer Bruder haben mir die Schule immer als etwas Drohendes, Dunkles, Unheilverkündendes dargestellt. Mir wurde mit dem erhobenen Zeigefinger immer gesagt: »*Na warte mal, bis Du in die Schule kommst, Du wirst schon sehen!*« *Und ich hörte von Stockschlägen, von Prügel, vom Eckestehen, vom Nachsitzen, von Strafarbeiten usw., so wie mein Bruder und meine Mutter Schule erlebt haben.*

So war mein erster Schultag alles andere als ein Freudentag. Ich hatte Angst. Kaum daß mich die Mama in das Klassenzimmer gebracht und mich mit der Lehrerin und weiteren 42 Kindern

alleingelassen hatte, begann ich fürchterlich zu heulen und war
nicht zu beruhigen.

Ich wartete ängstlich darauf, daß nun all die schlimmen Dinge,
die mir vorhergesagt worden waren, auch beginnen müßten.
Nun, es wurde doch nicht so schlimm. Das merkte ich nach und
nach.

Das alles haben wir bei Dir ganz bewußt vermieden. Wir ha-
ben Dich in bezug auf die Schule, so wie wir es verstanden,
total positiv vorprogrammiert. Wann immer das Gespräch
auf die Schule kam, so haben wir Dir erzählt, wie schön
Schule ist, wie wichtig, was man da alles lernen kann. Wir
erzählten Dir auch etwas ganz Naheliegendes, nämlich, wie
schön es doch sei, wenn Du Deine Bussi-Bär-Zeitschrift end-
lich selbst lesen könntest. Ja, das wolltest Du unbedingt.

Dann fielen mir die Lernmittel ein. Wir bekamen von Dei-
ner Lehrerin eine ganze Liste von Dingen, die wir für die
1. Klasse besorgen mußten: Bleistift, Radiergummi, Holzfarb-
stifte, Filzschreiber, Pinsel, Tuschkasten, Setzkasten, Schreib-
hefte, Malblöcke, Plastillin, Ordner, Klebstoff usw.

Deine Mama und ich, wir fragten uns oft, ob die Summe der
anzuschaffenden Gegenstände in Familien mit knappem Geld-
beutel nicht zu Schwierigkeiten führen würden. Und die Kinder
bekommen dann unter Umständen noch zu hören, was man für
sie und die Schule alles anschaffen müsse.

Als ich in die Schule kam – 1950 –, da gab es quasi nichts. Ich
fand meinen ersten Bleistift und Radiergummi in einem Care-
Paket (Hilfs-Geschenkpaket für Bedürftige), welches wir damals

von einer uns unbekannten amerikanischen Familie geschickt bekamen.

Aber natürlich: Die Zeiten haben sich geändert. Das läßt sich mit heute eben nicht mehr vergleichen.

Jedoch habe ich dann auch von einigen anderen Eltern gehört, daß diese selbstverständliche Liste der Anschaffungen für den ersten Schultag irgendwie mit Befremden auf der einen Seite und mit Resignation auf der anderen Seite aufgenommen wurde, nach dem Motto: »Was soll man machen, mein Kind braucht das nun einmal eben«. Aber glücklich schienen diese Eltern nicht unbedingt, zumal ja ein Schulranzen auch noch angeschafft werden mußte. Da kam dann, die Schultüte und deren Inhalt noch dazugerechnet, eine ganz schöne Summe zusammen.

Nach einiger Zeit warst Du dann wieder bei uns. *»Schule«,* erklärtest Du uns, *»das sei ja so schööön«.* Du zogst das »ö« dabei stark in die Länge, was nun wirklich große Begeisterung bedeutete. Den ganzen Nachmittag und Abend fragtest Du: *»Papa, darf ich morgen wieder in die Schule gehen? Papa, wann fängt die Schule an?«* usw. usw.

Ich freute mich mit Dir, daß dieser erste Tag für Dich so schöön, so positiv war und ich hoffte nur, daß alle Schultage – wenigstens für die nächsten zehn Schuljahre – auch weiterhin so schöön sein werden.

Ein heute sehr zufriedener Papa

2.

Abschied

im September 1986

Gestern, Samstag, hat unser Marcus einen ganz großen Schritt gewagt. Er hat uns das allererste Mal losgelassen. Er ist allein zum Seppi gegangen.

Deinen jetzigen Freund, den Seppi, kennst Du ja schon vom Kindergarten her. Jetzt in der Schule seid ihr sogar Banknachbarn. Außerdem haben die Eltern vom Seppi im Nachbarort ihren Bauernhof. Und dieser ist von uns aus sehr gut zu erreichen – ohne Straßen – man muß nur quer über die Felder gehen.

Gestern also habe ich Dich vor eine schwierige Entscheidung gestellt. Du wolltest gern den Seppi besuchen und die Mama sollte Dich mit dem Auto hinbringen und abholen ... so wie Du es von uns eben immer gewohnt warst. Ich jedoch war der Meinung, daß Du auch ohne Schwierigkeiten selbst zu Fuß gehen könntest ... denn Du seist als Schulkind nun schon »groß« genug dazu. Wir sind dann auf den Balkon gegangen und ich habe ihm den Bauernhof vom Seppi und den Weg dorthin quer über die Felder gezeigt. Die Mama und ich, wir haben Dir gesagt, wie groß Du doch schon wärest und daß es doch ganz einfach sei, dorthin zu kommen, denn Du bräuchtest nur quer über die Felder zu gehen. Du hast schon gern wollen, das merkte ich Dir an, aber auf der anderen Seite war da dann niemand mehr da, der Dich an die Hand nahm.

Ach, lieber Marcus, was es heißt, sein eigenes Kind an der Hand zu haben, dieses kleine zappelige Händchen in seiner eigenen großen ruhigen Hand zu spüren, das wirst Du erst einmal wissen, wenn Du selbst Kinder hast. Ich habe es immer unendlich genossen, mit Dir Hand in Hand spazierenzugehen und mich mit meinem kleinen Plappermäulchen zu unterhalten.

Auch gestern warst Du dann ganz quirlig, ob wir Dich noch etwas begleiten und ob wir auch winken und ob ... und ob.

Du hast Dich also angezogen. Ich habe Dir noch Deine Uhr umgebunden, die Du zum Geburtstag bekommen hast. Wir sagten Dir, daß Du um halb fünf wieder hier sein sollst und ich war stolz auf Dich, weil Du schon so perfekt die Uhr lesen konntest.

Dann haben wir Dich vom Haus weg zur Wiese gebracht. Du bist dabei fest an meiner Hand gegangen. Dann kam ein rührender Abschied. Du legtest Deine kleinen Ärmchen der Mama und danach mir um den Hals, jeder bekam noch einen dicken Abschiedskuß und Du gingst los. Aber nur drei Meter, dann bliebst Du wieder stehen, drehtest Dich um, um Dich zu vergewissern, ob wir noch da waren, und du hast gewunken, und so ging es den ganzen Weg quer über die Felder bis zum Seppi.

Unzählige Male bist Du stehengeblieben, hast Dich umgedreht und gewunken und wir haben zurückgewunken. Sogar als Du schon fast nicht mehr zu sehen warst, bist du noch einmal stehengeblieben und hast gewunken ... und wir wieder zurück. Dann warst Du unseren Augen entschwunden.

Die Mama und ich, wir waren nicht sehr glücklich. Diese Trennung war für unseren Marcus wie für uns gleicher-

maßen schmerzlich. Nur, er geht ins Leben hinaus, das muß auch so sein, und wir haben das erste Mal verspürt, wie es ist, von ihm Abschied zu nehmen, ihn loszulassen, ihn herzugeben. Es tat uns ziemlich weh.

Um halb fünf bist Du wieder pünktlich zurückgewesen; wir waren stolz auf Dich und Du hattest so viel von den Kühen und Kälbchen, Pferden Hunden, Katzen, von Seppis Spielzeug usw. zu erzählen.

Heute ein etwas nachdenklicher Papa, der sich wieder daran erinnert hat, wie es ihm immer ging, wenn seine Mutter ihn in der Früh immer alleinließ und arbeiten ging.

3.

Ein Spaziergang

im Oktober 1986

Lieber Marcus!

Gestern, Sonntag nachmittags, sind wir spazieren gegangen. Wir wollten zum Damwild, welches sich in einem eingezäunten Gehege auf den Feldern befindet. Du hast mir schon vorher in der Küche mit Eifer geholfen, altes Brot und einige alte Semmeln in kleine Stücke zu schneiden. Aber die Plastiktüte mit dem Futterbrot habe dann natürlich ich tragen dürfen.

So sind wir also über die Felder gebummelt, ich in der einen Hand die Tüte, an der anderen meinen Marcus, mein Plappermäulchen. Was wir wieder alles sahen und fanden! Zum Beispiel einen vertrockneten Regenwurm. Sofort stelltest Du Betrachtungen an, warum der arme Regenwurm wohl vertrocknet wäre und nicht eine Amsel käme und ihn zum Abendbrot verspeisen würde, so wie sie es im Garten auch immer täten.

Dann riefst Du plötzlich: »*Schau mal Papa, ein toter Frosch!*« Den hast Du gleich aufgehoben und mir gezeigt. Wir haben dann überlegt, warum der Frosch wohl gestorben ist. »*Ist doch klar*«, hast Du dann gesagt, »*hier gibt es kein Wasser und nichts, wo sich der Frosch verstecken und vor der Sonne schützen konnte. Da ist er einfach ausgetrocknet*«.

Dann huschte uns eine Blindschleiche über den Weg. Eine aufgeschreckte Maus sauste von uns weg und verschwand im nächsten Loch. Du sahst alles und hast zu allem etwas zu erzählen gehabt. *»Gell Papa«*, hast Du dann gesagt, *»da hat die Maus aber Glück gehabt, daß wir jetzt keine Katze sind oder der Mäusebussard dort oben«*. Und Du zeigtest mir mit erhobenem Finger den Bussard, der über uns kreiste.

Ich dachte mir, wie schön es ist, daß Du an all diesen kleinen und doch oft so großen Dingen unseres Lebens, die für uns Erwachsene oft so selbstverständlich sind und darum kaum mehr betrachtet werden, nicht achtlos vorübergehst. Das kommt auch alles nicht von ungefähr. Die Mama und ich, wir haben Dir all diese Dinge immer wieder gezeigt und erklärt, um sie Dir für Deinen Lebensweg mitzugeben.

Ich erinnere mich noch ganz genau, wie Du schon als Dreikäsehoch jeden Regenwurm, jeden Käfer im Garten vorsichtig angefaßt, ihn aufgehoben und in den Kompost getragen hast. *»Denn alle sind unsere Freunde und helfen uns Menschen«* … so habe ich es Dir immer erzählt und vorgemacht. Und wie enttäuscht warst Du, ja Du hast mich geradezu beschimpft, als ich während der Gartenarbeit einmal einen dicken Regenwurm unserem Entenpärchen Willi und Wulli zum Fressen hinwarf. Aber weißt Du, Marcus, nicht nur Du lernst durch mich oder die Mama … oh nein … wir lernen auch von Dir. Du stößt uns durch Dein dauerndes Fragen und Hinterfragen auf viele Dinge, die für uns oft schon so selbstverständlich geworden sind.

Ich merke immer deutlicher, wie reich Dein kleines Leben unser Leben gemacht hat. Als Du begonnen hast, in den Kindergarten zu gehen – mit 3 ½ Jahren – hast Du mir zum Vatertag auf einem gebastelten Marienkäfer aufgeklebt einen Spruch mitgebracht. Dieser lautet:

»Wenn mein Papa mit mir geht,
dann hat alles einen Namen:
Vogel, Falter, Baum und Blüte.
Wenn mein Papa mit mir geht,
ist die Erde nicht mehr stumm.

Kommt die Nacht und kommt das Dunkel,
zeigt der Papa mir die Sterne.
Er weiß, wie die Menschen leben,
weiß, was Recht und Unrecht ist,
sagt mir, wie ich leben soll.«

Dieser Spruch, mein lieber Marcus, der hat mich tief getroffen! Denn er drückt genau das aus, was ich in meiner Kindheit nicht gehabt habe, nämlich einen Vater.

Ich habe mir als Kind immer gewünscht, einen Papa zu haben. Ich habe alle anderen Kinder beneidet, die immer von ihrem Papa und von ihrer Familie erzählten.

Ich hatte nur eine Mama, und diese kannte ich auch nur von abends oder von den Wochenenden. Aber auch dann war sie nicht für mich da. Sie mußte halt immer arbeiten: Der Haushalt, die Wohnung, das Essen und die große Hauswartstelle, um die Miete zu sparen. Was ein Papa, eine Mama mit viel Zeit für mich, was eine Familie ist … das habe ich nie kennengelernt.

Ich war ein typisches Schlüsselkind. Ein Einzelkind, mit dem Schlüssel um den Hals, mir den ganzen Tag selbst überlassen. Wie habe ich da immer die Kinder beneidet, die nach der Schule heimkamen, sich an einen gedeckten Tisch setzten, mit ihrer

Mama zusammen erzählen, spielen, Hausaufgaben machen und
des Abends mit ihrem Papa zusammen spazierengehen oder rad-
fahren konnten.

Ich glaube: irgendwie stand deshalb schon in jungen Jahren für mich fest: … Wenn Du einmal Kinder hast, dann machst Du alles anders.

Dieser Spruch zeigte mir genau, wie ich als Vater für Dich sein müsse. Eben wie dieser Spruch! Und so habe ich immer versucht, und ich werde immer versuchen, für Dich und Deine kleinen Sorgen da zu sein, mit Dir zu reden, immer und immer wieder, alle Deine Fragen zu beantworten … auch wenn das oft gar nicht so einfach war und ist, Dich zu verstehen und anzunehmen, so wie Du bist.

> Heute ein Papa, der durch diese Erinnerung ein bißchen traurig ist, weil er nie einen Papa hatte.

4.

Angst um Marcus

Lieber Marcus!

Heute habe ich das erste Mal in meinem Leben Angst um Dich ausgestanden, nicht nur Unruhe, nein, direkt panische Angst.

Dabei war für mich überhaupt nicht ersichtlich, was auf mich zukommen würde, als ich Dich wie üblich von der Schule abholen wollte. Es war Montag, und in Deinem Stundenplan stand »Werken«. Also hattest Du bis 13 Uhr Schule.

Ich bin natürlich wie üblich pünktlich vor der Schule gewesen. Ich wunderte mich aber, daß der Parkplatz schon so leer war. Ich ging in die Schule und wartete im Pausenhof auf Dich. Komisch war es schon, daß alles so ruhig war, aber ich dachte, Ihr wäret wohl die letzte Klasse und so wartete ich auf den Gong des Pausenzeichens.

Als dieser dann ertönte und Ihr immer noch nicht kamt, wurde ich unruhig. Ich traf die Schulaufsicht, und diese sagte mir, heute sei Kirchweihmontag und die ganze Schule habe seit 12 Uhr schulfrei. »*Ja, wo ist denn mein Marcus*«, stotterte ich ganz erschrocken, »*er kommt ja zu uns nicht allein nach Hause und ein öffentliches Verkehrsmittel dorthin fährt auch nicht um diese Zeit*«.

Das wisse sie auch nicht, sagte mir die Schulaufsicht, aber vielleicht habe ihn irgendein Elternteil mitgenommen. Ja, so dachte ich, das könne die Lösung sein, aber wer?

Also sauste ich beunruhigt zum Nachbarort, zur Mutter von Seppi, der genau wie Marcus auch keine Möglichkeit hatte, heimzukommen, denn ich nahm den Seppi täglich mit zurück.

Seppi war schon da. Ihn hatte eine Mutter eines Kindes aus der anderen Klasse mitgenommen. An Marcus hat dabei niemand gedacht. Nein – wo Marcus war, das wußte er nicht.

Jetzt war in mir Panik. Es war schon 13.30 Uhr und Marcus war seit eineinhalb Stunden verschwunden. Ich raste heim in der Hoffnung, daß ihn vielleicht andere Eltern heimgebracht hatten, während ich unterwegs war. Nein! – er war nicht da.

Ich setzte mich ans Telefon und rief alle mir bekannten Eltern der Klasse an. Bei niemandem war Marcus im Haus, niemand hatte ihn gesehen. *»Wissen Sie«,* so sagte man mir, *»die ganze Schule hatte aus, es war ein großes Durcheinander. Nun ja, jeder ist sich selbst der Nächste, so ist das nun einmal eben.«*

Ich rief die Lehrerin an. Auch diese wußte natürlich nicht, wo Marcus sein könnte. Sie habe die Kinder zum Schulhof bzw. zum Schulbus gebracht und gemeint, daß alle Kinder heimkämen.

Auf der einen Seite war ich stinksauer, auf der anderen hatte ich nach wie vor panische Angst. Das muß eine Lehrerin doch wissen, daß es in unserer ländlichen Struktur Kinder gibt, die eben keine Möglichkeit haben, zeitgerecht mit öffentlichen Verkehrsmitteln oder z.B. dem Schulbus heimzukommen. Noch dazu, wenn Kinder gerade mit der Schule begonnen hatten und auf solche unerwarteten Situationen überhaupt noch nicht eingestellt waren. Um solche Kinder müßte sich doch die

Lehrerin – besonders bei einer neuen 1. Klasse – kümmern und eventuell die betreffenden Eltern rechtzeitig wegen des Abholens benachrichtigen.

Ich sagte das der Lehrerin und ich betonte, in einer Mischung aus Angst und Ärger, daß ich nur hoffte, daß nichts passiert sei. In meinen Gedanken war es dunkel. Was einem da so alles durch den Kopf geht! Schlagzeilen vieler Zeitungen fallen einem ein:

Verschwundene, geschändete, mißhandelte, ermordete, entführte, verunglückte ... und was weiß ich noch alles für Kinder schwirrten mir nun bei meiner Angst durch den Kopf. Ich glaube, nachfühlen kann man das nur, wenn man diese Situation einmal selbst durchlebt hat.

Inzwischen regnete es in Strömen. Ich raste wieder die 5 km bis zur Schule, ging noch einmal um das Schulgebäude, fuhr langsam durch die Straßen, in der Hoffnung, Dich vielleicht in irgendeinem Hausgang zu sehen, wo Du wegen des Regens auf mich wartetest. Ich wußte nicht mehr, was ich tun sollte. Ich spürte in mir eine panische Angst.

Da ich nichts machen konnte, fuhr ich wieder heim. Ich wollte mich noch etwas am Telefon gedulden, bevor ich die Polizei verständigte. Denn mehr konnte ich jetzt nicht unternehmen. Ich mußte jetzt logisch denken und warten, bis ich von außen einen Hinweis bekam. Alles, was mir möglich war, hatte ich unternommen.

Inzwischen war es 14.30 Uhr. Seit zweieinhalb Stunden warst Du verschwunden, einfach verschwunden.

Ich fuhr in die Garage und fand einen Zettel vor, mit dem Hinweis, du seist beim Nachbarn, bei der Familie Hausschmid. Da fiel mir ein großer Stein vom Herzen, aber gleichzeitig ergaben sich für mich viele Fragen.

Als ich zur Familie Hausschmid kam, bist Du frisch, fröhlich und mit gesegnetem Appetit beim Mittagessen gesessen. Na, Kunststück, es war auch bereits 14.30 Uhr. Und dann erfuhr ich die ganze Geschichte:

Ihr hattet wegen des Kirchweihmontags ab 12 Uhr schulfrei. Eure Lehrerin brachte Euch alle zum Schulbus und Dir gefiel es mächtig, endlich einmal mit dem Schulbus fahren zu dürfen. Nur ... der Schulbus fuhr genau in die entgegengesetzte Richtung. Als der letzte der Schüler ausgestiegen war, warst Du immer noch im Bus, in einer Dir völlig fremden Gegend. Die Busfahrerin – auch hilflos mit ihrem Falschfahrer, brachte Dich dann wieder die 10 km zurück zur Schule.

So bist Du also wieder vor der Schule gestanden. Alles war zu. Niemand war mehr da. Es schüttete wie aus Gießkannen. Du fühltest Dich einsam, allein gelassen, leider selbstverständlich auch von mir, Deinem Papa, und Du weintest fürchterlich, so hast Du mir dann erzählt.

Du kannst Dir gar nicht vorstellen, wie leid Du mir getan hast bei diesem letzten Teil Deiner Erzählung. Und Du hast mich dabei auch mit ganz großen, vorwurfsvollen Augen angeschaut, die sagten: *»Und Papa, wo warst Du?«* Tja, wo war ich? Ich sagte Dir, ich würde versuchen, es Dir zu erklären, später, wenn etwas mehr Ruhe in die Sache gekommen sei.

Gott sei Dank kam um 13.20 Uhr, eineinhalb Stunden nach Deinem Schulschluß, ein anderer Schulbus, der in unsere Richtung fuhr. Darin saß die Tochter der Familie Hausschmid. Sie hatte dich dann mitgenommen. Nun, jetzt warst Du wieder fröhlich und ich … ja, mir fielen ganze Berge vom Herzen. Und doch: Bei rechtzeitiger und korrekter Information der Lehrerin wäre das alles nicht passiert. Mir wären zweieinhalb Stunden Angst und Unruhe erspart geblieben und Dir mit Sicherheit diese Erfahrung …, die vielleicht auch gut war – wer weiß?

Als wir wieder daheim waren, rief ich wieder alle Eltern an. Diese waren selbst beunruhigt und hatten ihrerseits herumtelefoniert. Zuletzt rief ich die Lehrerin an. Sie war über den Ausgang der Geschichte sehr froh; trotzdem brachte ich meine Verärgerung wegen der fehlenden Information zum Ausdruck.

Und für Dich … nun, bis auf das schöne Erlebnis, mit den anderen Kindern im Schulbus fahren zu dürfen, war die Erfahrung des Alleingelassenseins, des Sich-verlassen-Fühlens sicher keine gute Erfahrung … aber auf der anderen Seite auch wieder eine wichtige Erfahrung für das Leben.

Aber wie man sieht, wir Erwachsenen sind eben auch nicht perfekt. Deine Lehrerin nicht, ich auch nicht. Hoffentlich lernen wir alle daraus.

Dein Papa…
heute im »Wechselbad« seiner Gefühle

5.
Ärger mit dem Mittagessen

im November 1986

Lieber Marcus!

Heute habe ich Dich wieder von der Schule abgeholt. Ihr kamt wie immer Hand in Hand zu zweit mit der ganzen Gruppe von Eurer Lehrerin begleitet an das Schultor. Dort stand ich mit einigen anderen Eltern und wir warteten auf Euch.

Du kamst herausgestürmt, in der einen Hand die Papiertüte mit der Milch und in der anderen Deine Schultasche, die ja eigentlich auf den Rücken gehört, Du Schlingel! Du hast mir den Schulranzen und die Milchtüte in die Hand gedrückt und mit einigen Deiner Schulkameraden »Fangermandl« gespielt. Nun ja, nach der langen Sitzzeit im Klassenzimmer brauchst Du eben Bewegung, wer versteht das besser als ich!

Dann sind wir heimgefahren. In der Küche habe ich Dich gefragt, ob Du Dein Pausenbrot aufgegessen und jetzt zum Mittag viel Hunger hast. »*Nein*«, sagtest Du mir, »*das Pausenbrot habe ich nicht gegessen und Hunger habe ich auch nicht!*«. Dafür hast Du mir, wie jeden Tag in der letzten Zeit, ein angebissenes Pausenbrot und einen ganzen Apfel auf den Tisch gelegt. Ich war verärgert und erstaunt zugleich, denn eines war klar: irgend etwas stimmte hier nicht.

Wir essen in der Früh immer unser Haferflocken-, Quark-, Obst-, Honig- usw. -Müsli und Du trinkst eine Tasse Milch dazu. Für die Brotzeit gebe ich Dir ein Vollkornbrot mit Butter und

Salatblatt (Käse oder Wurstbelag nach Wahl) und ein Stück Obst mit. Zur großen Pause bekommt ihr in der Schule dann Milch oder Kakao.

Jedoch bringst Du mir täglich das Brot nur angebissen und das Obst wieder so mit, wie ich es Dir mitgegeben habe. Also müßtest Du doch mittags Hunger haben. Naschen tust Du nicht, das weiß ich, und Geld hast Du auch nicht, um Dir etwas anderes zu kaufen. Übrigens bist Du so ehrlich und würdest mir das mit Sicherheit erzählen, wenn es nicht so wäre. Nein, hier stimmt irgend etwas nicht!

Also haben wir zwei Männer uns in aller Ruhe im Wohnzimmer in die Sessel geflegelt und haben Kriegsrat gehalten, d. h., ich bin mit Dir ganz langsam Deinen Vormittagsrhythmus durchgegangen. Tja, und dabei wurde alles klar:

Während der ersten Pause, die 10 Minuten dauert, müßt ihr in der Gruppe zu zweit Hand in Hand mit dem Nachbarn zur Toilette gehen. Das dauert natürlich, zumal da dann selbstverständlich herumgealbert wird. Danach müßt ihr wieder in der Gruppe Hand in Hand in die Klasse zurück. Dort müßt ihr auf eurem Platz sitzen bleiben, dürft nicht herumrennen und habt jetzt, in den letzten verbleibenden Minuten die Möglichkeit, eure Brotzeit zu essen.

Da Du ein sehr langsamer Esser bist, schaffst Du es natürlich gerade noch, schnell einmal abzubeißen. Dann geht der Unterricht weiter.

»Und weißt du, was ich gar nicht schön finde, ist,« sagtest Du zu mir, *»daß unsere Lehrerin in der Pause im Klassenzimmer steht und raucht.«*

Ich fand das auch eine ziemlich eigenartige Vorbildhaltung Deiner Lehrerin vor der Klasse – so dachte ich mir – und nahm Deine Erzählung an dieser Stelle ohne Kommentar hin.

Was ich eigenartig fand (sicherlich war es irgendwie auch wieder verständlich), war der gemeinsame Gang der Klasse zur Toilette, der genau in die Pausenzeit gelegt wurde, und so die Zeit zum Regenerieren, Entspannen und Essen stark verkürzte. Außerdem fand ich es absolut unverständlich, die Kleinen, die noch immer den Kindergartenrhythmus im Körper haben, selbst in den Pausen nicht einmal die Gelegenheit zu geben, sich auszutoben, ihre kindliche Energie etwas abzureagieren. Ich kann mir lebhaft vorstellen, wie nach längerer Zeit so manches Kind auf seinem Stuhl hin- und herrutscht, weil es sich einfach einmal bewegen will – aber nicht darf.

Wenn dann die Mittagspause kommt, hast Du natürlich Hunger. Dann bekommt ihr eure Milch. Statt nun Dein Brot weiterzuessen, trinkst Du Dir mit Milch den Bauch voll und hast so zum Mittagessen daheim natürlich keinen Appetit mehr. Alles klar: die Ursache ist erkannt.

Rückfragen bei anderen Eltern ergaben Übereinstimmung in der häuslichen Situation, d. h. Brotzeit angebissen zurück, keinen Hunger mittags, Klagen der Kinder wegen zu wenig Bewegung in der Zwischenpause, zumal sie von den Kindern der Parallelklasse sehen, daß diese sich in den Pausen bewegen dürfen. Das führt natürlich zu berechtigten Fragen nach der Gleichbehandlung.

Also mein lieber Marcus, ich habe das Problem erkannt, und da

Du es nicht lösen kannst, werde ich in dieser Sache einmal bei Deiner Lehrerin vorstellig werden.

Dein kopfschüttelnder Papa,
dem diese Art, mit Kindern in der Schule umzugehen, wohlbekannt vorkommt – allerdings vor 35 Jahren!

6.
Ungerecht

Lieber Marcus!

Heute habe ich Dich wieder von der Schule abgeholt. Ich habe an Deinem Gesicht sofort gesehen, daß da etwas nicht stimmt. Und Du, der sonst immer sofort erzählt, wie schön es in der Schule war und was es Neues gibt, hast meine Fragen nicht beantwortet, bist still und irgendwie traurig in Deinem Kindersitz im Auto gesessen und hast kaum etwas gesagt. So war ich halt auch ruhig und etwas besorgt und habe Dir Zeit gelassen.

Daheim hast Du mir dann Dein Hausaufgabenheft und so nebenher – etwas lauernd – eine Lückentextübung gezeigt. Neben einem Wort stand ein großes rotes »f«. Das interessierte mich. Ich fragte Dich wie unabsichtlich – so ganz nebenbei – weil ja alles andere richtig war: *»Na, hast Du hier einen kleinen Fehler gemacht?«* »Ja«, sagtest Du sofort, Eure Lehrerin habe gesagt – und nun machtest Du ihren Tonfall nach (es war eine sehr schrille, unruhige aber betont scharfe Stimme): *»Das ist falsch!«* Du schautest mich dabei ganz empört an.

Na, mein lieber Marcus, daß hier etwas faul war, das war klar, und da ich Dein ausgeprägtes Gerechtigkeitsgefühl bestens kenne, begann mich die Sache zu interessieren.

Also setzte ich Dich zu mir auf den Schoß und wir schauten uns die gesamte Übung noch einmal gemeinsam an. Auf dem Arbeitsblatt gab es zwei Texte; einen kompletten Text oben und einen Lückentext unten. In die Lücken mußten die passenden Worte vom obigen Text herausgesucht und eingesetzt werden.

Ich kam zu der Stelle, an der das große rote »f« war. Aber wo war der Fehler? Ich konnte ihn nicht finden. Das eingesetzte Wort befand sich oben im Text, nämlich »Uhr«. In der Lücke waren drei Punkte für drei Buchstaben und »Uhr« paßte auch dem Sinn nach dorthin. Ich fragte Dich verwundert, was da falsch sein sollte. *»Das ist es ja«*, schimpftest Du, *»Uta sollte da stehen. Aber auch Uhr hat drei Buchstaben und auch der Sinn hätte gestimmt«. Nun tat ich etwas, was ich normalerweise nicht tun würde. Ich habe Dir gesagt, daß auch ich hier an dieser Stelle Deiner Lehrerin nicht recht geben könne. Die Aufgabe sei einfach nicht trennscharf gestellt worden und sie lasse beide Lösungen gleichermaßen zu, zumal ja »Uhr« im obigen Text auch vorkomme.* Ich fand das Verhalten Deiner Lehrerin Dir gegenüber schlichtweg ungerecht und wenig durchdacht. Und dann dieses »falsch« dazu, wo doch eigentlich nichts falsch war. Du warst in Deinem Gerechtigkeits- und Selbstwertgefühl getroffen.

Ich habe Dich gelobt. Habe Dir einen dicken Kuß gegeben und gesagt, daß ich mich freue, daß Du diese Lösung gefunden hast, die genauso richtig war wie die andere. Da hast Du aufgeatmet, warst wieder fröhlich und hast gelacht.

Ich glaube, Deine Lehrerin sollte an dieser Stelle noch einiges lernen. Ich habe den Eindruck, sie ist zu sehr Kenntnisvermittlerin und macht sich zuwenig Gedanken über die sensible kindliche Seele. Vielleicht wächst ihr auch die Aufgabe irgendwie über den Kopf. Sicher sind wir alle nur Menschen, aber so eine Ungerechtigkeit dürfte einer (erfahrenen) Lehrkraft eben nicht passieren. *Aber woher soll sie denn auch mit Kindern Erfahrung haben? Sie ist ja noch so jung, und eigene Kinder hat sie auch nicht. Wenn ich etwas zu sagen hätte, dann würde ich in die 1. und 2. Klasse nur Lehrer(innen) lassen, die selbst Eltern mit mindestens zwei Kindern und lebenserfahren sind.*

Nun – Deine Welt scheint mir wenigstens daheim wieder in Ordnung. Ich hoffe nur, daß solche Dinge mit Deiner Lehrerin nicht öfter vorkommen.

Dein Papa

7.
Ein Schwarzer Tag

im November 1986

Lieber Marcus!

Gestern – ich denke nicht gerne daran zurück –, war wirklich ein Schwarzer Tag in meinem und sicherlich auch in Deinem Leben.

Ich habe Dich das erste Mal in Deinem Leben »verdroschen«. Du hast erst von mir eine Backpfeife bekommen, dann aufgrund Deines trotzigen Blickes noch eine, anschließend habe ich Dich über das Knie gelegt und Dir den Hintern versohlt.

Du hast mich danach noch trotziger angeschaut, hast krampfhaft versucht, zu »lächeln« und dabei mit den Tränen gekämpft. (Später fiel mir dazu ein: Genauso habe ich gehandelt, wenn meine Mutter mich immer geprügelt hat – und ich habe in diesem Moment den Spiegel einfach nicht gesehen!)

Dann habe ich Dich im Autositz angeschnallt und Dich zur Schule gefahren. Wir haben während der Fahrt kein einziges Wort miteinander gesprochen, während wir doch sonst immer die ganze Zeit miteinander erzählen, plaudern, singen oder lachen.

Weißt Du, mir ist das Lachen vergangen. Ich habe mich direkt schlecht gefühlt und mir war auch übel. Ich hätte mich anspucken können. »Du nicht!«, habe ich mir immer geschworen, »DU NICHT!« »Du schlägst DEIN Kind NIE!!!«

Es ist so entwürdigend, wenn kleine, wehrlose Kinder die kleinen Ärmchen über den Kopf schützend halten, während Schläge auf sie niederprasseln ... so wie ich es selbst immer erlebt habe.

Wie hilflos muß sich ein Kind fühlen, wie gedemütigt, wie niedrig, wie klein, hier einstecken zu müssen, und wie groß, mächtig, stark, überlegen sich der Erwachsene, der austeilt, dachte ich mir.

Oh nein, so war es bei mir nicht. Ganz und gar nicht. Ich fühlte mich immer mehr unsicher, hilflos, ja geradezu unfähig, in dieser spannungsgeladenen Situation mit Dir fertig zu werden.

Du reagiertest einfach nicht mehr so, wie ich es von Dir gewohnt war. Im Gegenteil, Du hast einfach auf stur geschaltet. **(Heute weiß ich, Du warst in der damaligen Phase nicht stur. Stur war von mir damals eine Wertung Deines äußeren Verhaltens mir gegenüber. Heute weiß ich aus psychotherapeutischer Sicht, Daß Du in dieser Phase depressiv warst. Ich habe Dir damals, als ich das alles noch nicht wußte, sehr unrecht getan.)**

Zur Situation:
Ich fühlte mich jeden Morgen immer mehr von Dir provoziert. Es war in den letzten Wochen jeden Morgen das gleiche:

6 Uhr wecken. Marcus will nicht aufstehen. Trödeli, Trödeli. Marcus schleicht ins Bad und steht verschlafen und unlustig an der Heizung. Er will nicht aus seinem Schlafanzug heraus. Trödeli, Trödeli. Ich, zwischen aufmunternden, mahnenden, schimpfenden Worten, renne immer zwischen Küche und Bad

hin und her. Du bequemst Dich dann langsam, Dir den Schlafanzug auszuziehen, Dich zu waschen (Katzenwäsche wäre
wohl noch gut dagegen gewesen) und Dir die Zähne mit dreimal kritze-kratze-fertig schnell zu putzen. Das gibt die nächste
Schimpfe.

Unser Frühstücksmüsli steht schon warm am Tisch, aber Du
stehst im Bad wieder an der Heizung und sagst mir, Du weißt
nicht, was Du anziehen sollst. Es liegt alles, alles neben Dir.
Nur ist es eben so schön unordentlich durcheinandergeschmis-
sen, daß Du, der abends beim Ausziehen alles so hingeworfen
hatte, nun eben keine Lust verspürst, zu sortieren.

Also, damit wir endlich fertig werden, suche ich Dir unter
Schimpfen alles heraus und lege es zum Anziehen gerecht hin.
Ich wieder in die Küche, Brotzeit herrichten – selbst noch im
Schlafanzug.

Danach wieder ins Bad. Marcus ist erst im Unterhemd, er weiß
wieder einmal nicht, wo bei der Unterhose vorn oder hinten ist.
Ich koche schon. Ich helfe, damit es schneller geht.

Dann ab ins Eßzimmer.

Beten, das morgendliche Vaterunser. Es bleibt mir fast im Halse
stecken. An solchen Tagen sollte man nicht beten.

Essen. Mein randvoller Teller ist bald leer. Marcus' Menge auf
dem Teller, eh nur $\frac{1}{3}$ voll, wird nicht weniger. Geschirr in die
Küche, ich ins Bad. Marcus belehren, fertig werden.

Es ist bereits 7.10 Uhr. Die Abfahrt zur Schule muß spätestens
um 7.30 Uhr erfolgen, denn die Lehrerin hatte mich extra am

Vortag gebeten, den Kleinen etwas früher zu bringen, da er in der Früh nicht so leicht anlaufe *(hier wieder Depression sichtbar!).*

Ich ins Bad. Rasieren, waschen, Zähne putzen, anziehen. 7.25 Uhr: Marcus sitzt immer noch vor seinem gefüllten Teller. Du magst nicht mehr.

Ich fühle in mir Wut aufsteigen und schimpfe! Und die Schultasche ist auch noch nicht gepackt! Ich helfe Dir. Ich schicke Dich die Treppe hinunter in den Keller zum Schuhe anziehen. Die sind schmutzig, müssen auch noch geputzt werden. Dann in die Garderobe. 7.35 Uhr! Um 8 Uhr beginnt die Schule. Du setzt Dir gerade vor dem Spiegel stehend die Mütze schön langsam bereits zum dritten Mal verkehrt herum auf.

Da, lieber Marcus … es tut mir leid, war es mit meiner Geduld zu Ende. Ich habe geschimpft, geschrien … und Dich geschlagen. Es war sicher schlimm für Dich – und auch für mich. Es war ein kurzer Rausch.

Meine Wut hatte sich nicht transformiert in Erleichterung, oh nein! … eher in ein erschreckendes Gefühl mit der Erkenntnis: *»Was hast du nur getan!?* Du hast nun genau das getan, was deine Mutter immer mit Dir gemacht hat – und was du nie tun wolltest!!« Ich schämte mich schrecklich Dir gegenüber.

Als ich Dich dann ins Schulhaus brachte, hast Du mich wie immer fest an der Hand gefaßt und mir zum Abschied sogar noch einen Kuß gegeben.

Aber genau damit hast Du mich auch noch beschämt.

Danach war ich beim Masseur. Dort hatte ich viel Zeit zum Überlegen. Eines war klar: So konnte, nein, so durfte es morgens nicht weitergehen! Ich überlegte, was wohl dahinter stecken könnte, ich verstand das alles irgendwie nicht!?

Sicher, unsere gemeinsame Situation ist auch sehr schwierig. Unsere pflegebedürftige Oma, die mit uns seit Jahren im gemeinsamen Haushalt lebt, liegt zur Zeit im Krankenhaus – Wirbelbruch. Unsere Mama, geplagt von ständigen Schmerzen in Kopf, Hals und Schultern, nach einem schlimmen Verkehrsunfall, liegt auch schon seit zehn Wochen im Krankenhaus, d. h. seither sind wir beide allein.

Du hast vor zwei Monaten erst mit der Schule begonnen. Irgendwie steckt auch noch der Kindergartenrhythmus in Dir. Außerdem fehlt Dir jetzt der Mittagsschlaf. Sonst hast Du immer mittags noch zwei bis drei Stunden zusätzlich geschlafen, die jetzt ausfallen. Außerdem kommen jetzt nachmittags auch noch die Hausaufgaben dazu: Rechnen, Schreiben – und Lesen üben … und Eure Lehrerin verlangt viel … und Marcus ist in allem furchtbar langsam (Depression!).

Und ich … ich war wohl der ganzen Sache so nicht gewachsen. Ein Papa kann so gut sein, wie er will, aber Mama und Oma gleichzeitig ersetzen, auch noch Manager und Hilfslehrer zu sein – plus die eigene Arbeit – nein, das kann ich wohl nicht. Und zusätzlich: Auch ich habe ständig Schmerzen und schlafe dadurch schlecht mit meiner kranken Wirbelsäule und meinem Rheuma.

Dieses Schimpfen und Schreien hat mich so an meine Mutter, Deine Oma erinnert, und deshalb bin ich besonders über mich

48

erschrocken. Sie hat mir während meiner ganzen Kinder- und Jugendzeit mit Schreien, Toben und Schlagen schwere Ängste bei-gebracht. Ich hatte plötzlich Angst, bei Krisen und/oder Belastungen genauso zu werden oder zu reagieren wie sie. Aber genau das habe ich nie gewollt.

Das alles ist natürlich keine Entschuldigung für meine Schläge. Das soll es auch nicht sein ... aber vielleicht, vielleicht kannst Du später einmal besser verstehen, wie es dazu kam.

Am Nachmittag habe ich mich mit Dir nocheinmal hingesetzt und die morgendliche Situation besprochen. Ich sagte Dir, daß es mir sehr leid täte und daß ich mein Verhalten absolut nicht richtig fand. Ich habe mich bei Dir entschuldigt und Dir auch von meiner Kindheit erzählt, wie schlimm es für mich war, wenn ich geschlagen wurde.

Und Du, Du schautest mich mit großen ausdrucksvollen Augen an und sagtest unter Schulterzucken: *»Wieso Papa, Du mich gehauen? Ja wo denn, da weiß ich ja gar nichts davon ...«.*

Ich war sprachlos. Was war das? Hattest Du das Unangenehme dieses Morgens verdrängt? Bist Du schon fähig, die Dinge situationsgerecht zu sehen und aufzuteilen? Wolltest Du es mir leicht machen, weil ich mich vor Dir kleinmachte, indem ich Dich um Verzeihung bat?

Ich kenne die Lösung nicht. Eine davon wird es wohl vielleicht sein.

Und was mir so sehr gefallen hat: Wir haben für den nächsten Tag einen neuen morgendlichen Rhythmus miteinander entworfen, damit diese Situation nie – hoffentlich nie! – wieder auftritt.

Diesen neuen morgendlichen Rhythmus haben wir in einem 7-Punkte-Programm aufgeschrieben. D. h., Du hast geschrieben – und ich bin unendlich erleichtert … bis auf ein ganz dickes schlechtes Gewissen Dir gegenüber.

Dein Papa

8.
Interessenkonflikt

Lieber Marcus!

Gestern hat sich mein Ärger auf Dich direkt hochgeschaukelt. Ich habe Dich dann aus Ärger ganz schön angeschnauzt. Das war in der Küche. Du schautest mich dabei mit Deinen großen Augen ganz erschrocken an – denn das bist du von mir eigentlich nicht gewöhnt.

Jetzt, hinterher, tut es mir leid. Ich, gerade ich weiß, wie schlimm es ist, so angeschnauzt zu werden. Denn meine Mutter hatte nie Geduld mit mir, und sie schimpfte immer gleich wegen jeder Kleinigkeit.

Aber ich bin mir sicher, das Donnerwetter gestern in der Küche war für Dich nicht unberechenbar, denn Du kennst mich ja, und Du weißt, daß auch meine Geduld Grenzen hat. Aber Du hast Dich wirklich ganz bewußt quergestellt und ich hatte Dich im Verdacht … wieder einmal mit Absicht …, weil hier ein hintergründiger Interessenkonflikt vorlag.

Du wolltest im Fernsehen nämlich die Kindersendung anschauen. Ich wollte, daß Du Deine Hausaufgabe erst fertigschreibst.

Dazu hatte ich Dir extra im Schreibheft oben im Kopf mit Bleistift vier Linien gezogen. Zwischen den mittleren wird normalerweise geschrieben und die obere und untere Linie sind zur

51

Begrenzung der nach oben und unten führenden Buchstaben da. Die ganze Seite besteht aus diesen Linien, und Du hast Deine Schreibübungen auch sehr schön und richtig in diese Linien gesetzt. Nur jetzt, wo Du im Kopf auf den selbstgezogenen Linien den Tag und das Datum einschreiben solltest, da machtest Du es verkehrt.

Nun, Du zeigtest mir Deinen ersten Versuch, als ich für uns gerade beim Kochen war. Ich drehte die Herdplatte aus, kam zu Dir, sah mir Dein Schreiben an, war nicht einverstanden. Ich erklärte Dir, daß Du doch im ganzen unteren Text auch ganz richtig die Zeilen benutzt hättest ... warum jetzt oben anders?

Also wegradieren, neue Zeilen ziehen und nocheinmal schreiben. Du radiertest, während ich in der Küche weiterkochte, zogst neue Linien, schriebst noch einmal ... und wieder so verkehrt wie vorher, nur jetzt noch mehr geschmiert als beim ersten Mal – ich merkte: Du wolltest nicht mehr.

Und den feinen Gummistaub des Radiergummis hast Du auch nicht in den Ausguß geschüttet, sondern einfach im Zimmer herumgeblasen. Das hat mich alles zusammen geärgert: das ständige Stören beim Kochen, die verunglückte Hausaufgabe, und – daß ich nun auch noch staubsaugen mußte.

Nun, da war es dann im Moment aus mit meiner Ruhe und Du hast ein ganz schönes Donnerwetter von mir zu hören bekommen ..., über das ich jetzt – mit Ruhe betrachtet – wirklich nicht stolz bin.

Jetzt haben wir gemeinsam radiert. Und Du hast mir meine Schuld erklärt: Auf allen Seiten vorher hatte ich Dir immer nur

52

drei Linien gezogen und Du hast die unteren beiden immer als Schreiblinien benutzt. Also gut, ich zog Dir wieder drei Linien … wie immer.

Es stimmt: Ich habe falsch gehandelt … aus meiner Sicht logisch … Aber ich hätte vorher mit Dir diese meine Logik besprechen sollen. Vielleicht wäre meine Logik ganz selbstverständlich von Dir übernommen worden, da bin ich mir eigentlich ganz sicher –, ich hätte eben mit Dir reden sollen.

Denn es war bei uns ja immer so, schon von ganz klein auf.

Ich habe Dich auf meinen Schoß gesetzt, Dir alles ganz ruhig erklärt. Dann haben wir zwei darüber geredet und miteinander einen gemeinsamen Weg gesucht und gefunden. Aber hier gab es einen Konflikt.

Ich verlangte von Dir etwas Neues, ohne viel zu erklären. Selbstverständlich eigentlich, denn Du konntest es im unteren Textteil auch.

Ich war ungeduldig, denn ich mußte unser gemeinsames Abendbrot zubereiten. Denn Oma und Mama sind beide immer noch im Krankenhaus. Und ich muß noch neben meiner Arbeit Papa sein, Köchin, Putzfrau, Haushaltshilfe und Hilfslehrer … und das schon seit vielen Wochen. Belastungen, die auch mich langsam immer kribbeliger werden lassen – keine Entschuldigung, aber eine Erklärung.

Und Du wolltest fernsehen. Was ich grundsätzlich immer erst erlaube, wenn die Hausaufgaben fertig sind. Und fernsehen tun wir auch immer gemeinsam, damit wir auch danach darüber reden können …, und mehr Spaß macht es auch.

Ich hätte halt wie früher immer vorher mit Dir alles absprechen sollen. Beim nächsten Mal mache ich es hoffentlich wieder besser ..., aber zur Zeit bin auch ich irgendwie in einem Ausnahmezustand. Mir ist einfach alles zu viel. Und ich möchte doch, trotzdem wir seit Wochen allein sind, alles für Dich gut machen. Aber wie lange kann ich das? Kann ich das überhaupt? Ich versuche es wenigstens.

Dein im Moment ziemlich hilfloser Papa

9.
Zahlen

28. November 1986

Lieber Marcus!

Gestern habe ich mich richtig über Dich gefreut, oder nein, noch besser, ich war wirklich stolz auf Dich. Du brachtest mir aus der Schule die allererste Mathematikprobe mit. Und Du warst Klassenbester! Toll, einfach toll.

Ich habe ja schon immer so etwas geahnt. Denn mit Zahlen hattest Du ja noch nie Schwierigkeiten. Die Zahlen von 1–15 hast Du uns schon heruntergerasselt, kaum daß Du Mama oder Papa sagen konntest. Wieso?

Nun, die Wendeltreppe vom Untergeschoß zum Obergeschoß hat genau 15 Stufen. Und immer wenn wir diese Treppe mit Dir gegangen sind, hatten wir mit Dir zusammen laut mitgezählt.

Auch die Zahlen erst bis 100, dann bis 1000 konntest Du ziemlich schnell lesen. Wir waren oft verblüfft, wenn Du uns Autonummern, Hausnummern, Verkehrsschilder mit Geschwindigkeitsbegrenzung usw. unaufgefordert vorgelesen hast. Dann hast Du plötzlich, ohne unser Dazutun mit kleinen, einfachen Rechenaufgaben begonnen.

Ich glaube, Mathematik paßt auch irgendwie zu Dir. Du bist jetzt schon immer so ein »Logiktyp«. Alles muß bei Dir irgendwie logisch sein. Und auf der anderen Seite, gerade in der heutigen Zeit, ist Mathematik so wichtig. Mathematisch denken und Computerzeitalter ... das gehört wohl künftig zusammen. Ich wünsche Dir, daß Du es einmal schaffst, hier keine Schwierigkeiten zu haben.

Aber ich werde scharf aufpassen, daß dabei Deine Seele, Dein Gefühlsleben nicht zu kurz kommt.

Ich – ich darf gar nicht daran denken – war ein ganz erbärmlicher Schüler in Mathematik. Ich hatte direkt Angst vor diesem Fach, bekam vor jeder Rechenstunde Bauchweh, Kopfweh oder mußte sogar erbrechen.

Aber das war nicht immer so. In der 1. und 2. Klasse war ich breitbändig Klassenbester. Aber 1953, ab der 3. Klasse, bekamen wir so eine alte, zerknitterte Lehrerin, mit dem Lehrstil † la Preußens Gloria. Wir mußten zu Beginn jeder Rechenstunde alle aufstehen. Sie ging mit gesenktem Kopf durch die Reihen. Plötzlich blieb sie vor dir stehen, stieß Dir den Finger in die Brust und rief z. B.: »Wieviel ist 3 x 4?!« Das war jedesmal, als wenn Dir jemand einen Schlag versetzte. Mein Herz raste, ich hatte Schweißausbrüche, mir war übel und ich hatte vor lauter Angst immer eine Denkblockade.

Deshalb wußte ich natürlich nie eine Antwort, obwohl ich die Rechenaufgabe unter normalen Bedingungen sofort hätte lösen können. Aber nicht bei dieser Lehrerin, nicht unter diesen Bedingungen. Wer nicht so sensibel war wie ich und ihr die Lösung richtig nannte, der durfte sich setzen, war erlöst und bekam auch noch eine gute Note.

Du kannst Dir sicher vorstellen, wer immer und immer übrig-, das heißt stehenblieb, oft sogar bis zum Ende der Stunde ... weil

56

ich nicht gut gelernt hätte, urteilte sie. Dafür mußte ich zuhause als Strafarbeit bzw. von der Mutter diktiert unter Tränen seitenweise Mathematikaufgaben lösen. Das machte ich äußerst lustlos und mit Herzklopfen aus Angst vor der nächsten Mathestunde und dieser Frau.

Und wenn es meiner Mama (Deiner Erna-Oma) nicht schnell oder gut genug ging, dann gab es wieder einmal Prügel, Schimpfen, Schreien und Drohen ... ich sollte ja nicht wieder mit Mathe-Strafarbeiten oder Bemerkungen im Heft heimkommen, drohte sie immer.

Ich hatte viel Angst vor dieser Lehrerin und der prügelnden Mama und habe viel geweint. Aber niemand hat mich wirklich verstanden.

Also ließ ich irgendwann in der 3. Klasse die Flügel hängen, fühlte mich in Mathematik als der Dumme, der Blöde, der Faule ... auch weil mich meine Mutter und diese Lehrerin vor der Klasse öfter so nannten, und meine Klassenkameraden auch. Nun, wenn alle das sagen und mir das zeigen, dann muß es doch auch stimmen.

Weißt Du, und irgendwie blieb es dann auch so. Ich habe eine richtige Scheu, ja Angst vor Mathe entwickelt. Und da ich in diesem Fach nie mehr mit Freude weiterlernte – schon weil ich diese angstmachende Lehrerin fürchtete, und sie mich wegen schlechter Leistungen immer wieder vor der Klasse schikanierte – war es aus mit Mathematik. Tja, und in der 4. Klasse fehlte mir dann das Fundament der 3. Klasse usw. usw.

Schwarze – angstmachende – Pädagogik nennt man heute so etwas (1953!), wobei der Ausdruck »Pädagogin« aus heu-

tiger Sicht für diese Frau komplett daneben ist. Aber damals
– das war auch eine ganz andere Zeit!

Ich wünsche Dir, nicht nur Freude an Zahlen zu haben, mit
denen zu spielen, so einfach und selbstverständlich, wie Du mit
Legosteinen abenteuerliche Dinge konstruierst ...

Oh nein, lieber Marcus, ich wünsche Dir, Du könntest die
Lehrer annehmen, wie sie sind ... und natürlich umgekehrt sie
Dich auch. Denn das ist der Schlüssel, um in der Schule mit
Eifer und Freude zu lernen und für diesen Einsatz auch gute
Noten zu bekommen: die berühmte Wellenlänge von Lehrer
und Schüler zueinander.

Denn ich weiß aus Erfahrung: Ein Kind lernt nicht (oder noch
nicht) aus Eigennutz. Sondern es lernt, geht in die Schule, je-
denfalls in den ersten Schuljahren, **weil es den Lehrer/die
Lehrerin mag, aus Sympathie, auch um zu gefallen, um Lob
und Anerkennung zu bekommen ... und weil Lehrer es oft
verstehen, Kinder zu motivieren.**

**Leider habe ich oft den Eindruck, daß von diesem Wissen,
nämlich wie dringend gerade Kinder Lob und Anerkennung
brauchen, in den Schulen zuwenig Gebrauch gemacht wird.
Dabei waren Lehrer doch auch einmal Kinder und haben
mit allen kindlichen Bedürfnissen die Schulbank gedrückt.
Aber anscheinend gerät zeitweise jetzt wegen der Erfüllung
des Lehrplans das Wissen um die eigene ehemalige kindliche Seele mit ihren damaligen Bedürfnissen in Vergessen-
heit.**

Ich wäre glücklich, schafftest Du einmal das, was mir aufgrund
meiner (Angst)-Prägung durch diese Lehrerin aus der 3. Klasse

leider immer verwehrt geblieben ist ... bis heute – nämlich
Zahlen lebendig werden zu lassen. Aber Du scheinst ja auf dem
richtigen Weg zu sein, und ich bin ganz stolz auf Dich.

Dein Papa

10.
Wackelzahn

30. November 1986

Lieber Marcus

Gestern hast Du mir so richtig leid getan. Du hast die Hand vor den Mund gehalten und herzzerreißend geheult ... so wie ich es von Dir gar nicht gewohnt bin. Du hast wieder einmal einen Wackelzahn, vorn unten, d. h. ein Milchzahn muß einem neuen Zahn Platz machen. Du bist vor mir gestanden und hast nicht einmal in Deinen Mund schauen lassen ... *»selbst das tut schon weh ...«,* hast Du gewimmert.

Das muß schon wirklich schlimm gewesen sein, denn selbst die Mama (vorübergehend für drei Tage von der Klinik daheim) hat Dich nicht trösten können. Du bist bei ihr am Schoß gesessen, hast Dich angekuschelt, und sie hat Dich hin- und hergeschaukelt, wie sie es mit Dir als kleines Kind immer tat.

Dabei schaute mich Mama ganz groß an und zog hilflos die Schultern hoch. Dann kam mir eine Idee. Ich ging in den Keller, holte eine Flasche dunkles Bier.

Öfter einmal, wenn Du über Bauchweh geklagt hast, hat ein Schluck dunkles Bier, von mir ganz hinterlistig »Bauchwehbier« genannt, bei Dir Wunder bewirkt ..., na ja, Hopfen, Malz und Alkohol – das entspannt nicht nur, sondern es hat wegen der Besonderheit des einen Schlucks auch eine besondere psychologische Wirkung.

Also habe ich etwas Bier in ein Glas gefüllt und Dir erklärt, daß Du damit den Wackelzahn richtig mit ganz kleinen Schlucken spülen mußt. Das hast Du getan ... und nach kurzer Zeit ist auch die »Wirkung« eingetreten. »Psychologie« ist eben alles, d. h. Heilung durch eigene Überzeugung ... so schmunzelte ich in mich hinein. Und ... Du hast nicht mehr geweint. Aber deswegen ist der Zahn immer noch im Mund drin. Dann hast Du ihn mir gezeigt. Der stand ja schon ganz schief.

Wenn ich den hätte anfassen dürfen ... ein kleiner Ruck und alles wäre vorbei gewesen. Aber ich habe Dir vorher versprechen müssen, daß ich den Zahn ja nicht anfasse. Ich durfte doch nicht Dein Vertrauen erschüttern.

Schade, daß es uns Eltern nicht gegeben ist, unseren Kindern ihre Beschwerden abzunehmen. Wie gern würde ich diese Zahnschmerzen für Dich übernehmen. Aber Schmerzen bekommen und diese ertragen lernen, gehört eben auch zu uns Menschen, zu unserer Entwicklung mit dazu. Und je eher wir lernen, auch dazu ja zu sagen, desto leichter haben wir es.

Ich glaube, wir werden noch viel miteinander zu reden haben. Aber wenn Dein Wackelzahn nicht schnell schaut, daß er weiterkommt, dann gehen wir zum Zahnarzt ... dann hat der den Schwarzen Peter. Nur, bei dem machst Du ja immer brav, ohne Protest, den Mund auf.

Dein Papa

11.
Ein Wochenende bei Oma und Opa

8. Dezember 1986

Lieber Marcus

Am Sonntagvormittag habe ich Dich von Oma und Opa abgeholt. Du bist dort am Wochenende gewesen.

Die Oma stand gerade in der Küche und hat irgend etwas vorbereitet, während der Opa im Wohnzimmer Dia sortierte. Du warst beim Basteln und gar nicht begeistert, daß ich Dich »schon« abholen wollte.

Der Opa erzählte dann, was sich am Wochenende ereignet hat. Da waren als erstes die Hausaufgaben. **Die Hausaufgaben von Freitag, für den Montag nämlich! Zu erledigen am Wochenende.**

Opa und Oma schimpften mächtig, daß Erstkläßler auch noch am Wochenende Hausaufgaben bekommen. Der Opa meinte, es wäre eine Schande, daß Kinder mit dem Beginn der Schule nicht mehr Kinder sein dürften und ihre kindlichen Bedürfnisse jetzt schon von leistungsdenkenden Lehrern zugunsten unserer Leistungsgesellschaft umfunktioniert würden, und das noch dazu am Wochenende: Wenn die Lehrerin sich zwei schöne Tage macht, müsse nun die Familie am Wochenende mit dem Erstklaßler zusammen rechnen, schreiben und lesen üben, damit sie ihren Lehrplan erfüllt. Die Oma und der Opa schimpften darüber sehr.

Ich dachte mir dazu: zwei Seelen wohnen, ach, in meiner Brust. Auf der einen Seite weiß ich, wie wichtig konsequentes Üben ist, Lesen, Schreiben, Rechnen, besonders in der 1. Klasse. Auf der anderen Seite kommst selbst Du, der diese Aufgaben bisher immer ohne Murren erledigt, und zeigst ganz deutlich auf Eure Parallelklasse 1b, wo es wesentlich weniger Hausaufgaben und schon gar keine Übungen und Hausaufgaben über das Wochenende gibt.

Ich finde, es macht auch ein schlechtes Bild, wenn sich die Lehrkräfte von Parallelklassen hier nicht einig sind. Die ihrer Meinung nach benachteiligten Kinder spielen das natürlich sofort aus und zeigen mit dem Finger auf die anderen, die es ihrer Meinung nach besser getroffen haben. – Nun, irgendwo hat der Opa mit seiner Kritik sicher recht.

Zum Verdruß aller hast Du auch noch eine Schreibübung völlig falsch gemacht. Allerdings absolut schuldlos. Auch Oma und Opa kannten sich nicht richtig aus, und Du hast die Aufgabe so ausgeführt, wie Du sie eben verstanden hast. Schuld daran war wieder einmal die unscharfe Aufgabenstellung Deiner Lehrerin. Diesmal war diese so unklar, daß Fehler direkt vorprogrammiert waren.

Da das nun schon des öfteren vorgekommen ist, dachte ich mir meinen Teil dazu, sprach aber meine Gedanken nicht aus. Ich will Dir ja schließlich nicht die Freude an der Schule verderben. Ich fürchte nur, wenn das so weitergeht, dann passiert das noch früh genug.

Aber Du bist nun der Leidtragende dieser »Wurstigkeit« Deiner Lehrerin. Du wirst nun am Sonntagnachmittag die

Schreibaufgabe noch einmal wiederholen müssen. Denn Du weißt ja, Deine Lehrerin ist mit Kritik und Schuldzuweisung besonders an andere, die eben dann ihrer Meinung nach die Aufgabe nicht verstanden haben, sehr schnell bei der Hand.

Später einmal wirst Du den Spruch verstehen: »Nichts ist einfacher auf der Welt, als den anderen die Schuld für die eigenen Unzulänglichkeiten in die Schuhe zu schieben.«

Ich wünschte dieser jungen Frau eigene Kinder, damit sie durch ihre eigenen Kinder lernen könnte, was kindliche Seele und kindliches Verstehen bedeutet ... das Wissen des Studiums allein genügt nämlich da oft überhaupt nicht. Und dann soll sie einmal jeden Nachmittag und an den Wochenenden stundenlang sitzen und mit ihren eigenen Kindern rechnen, schreiben und lesen. Da würde sich so manches in ihrer Klasse schnell ändern. Aber genau diese persönlichen Erfahrungen fehlen eben.

Für mich gehörten sowieso junge Lehrkräfte, quasi ohne Lebenserfahrung, ohne Familienerfahrung und ohne eigene Kindererfahrung (im Schulalter bitte!) und Verständnis für kindliche Bedürfnisse und die kindliche Seele sowieso nicht in die Grundschulklassen eins und zwei. Da richten sie mit ihrem »Nur«-Studienwissen und Leistungsdenken und -druck oft geradezu Schaden an, denn die Kleinen sind noch so brav und so angepaßt. Diese können gegenüber einer so großen und starken Lehrkraft ihre Meinung und Bedürfnisse noch nicht richtig vertreten, so daß auch diese davon lernen könnte ..., und so gab es mit Oma und Opa zu diesem Thema noch einen lebhaften Meinungsaustausch.

Der Opa erzählte mir dann, ihr wäret am Samstagnachmittag im Kindertheater gewesen, in einer Puppenbühne. Auf dem Programm stand: Der kleine Muck. Der Opa meinte: das Stück war nicht besonders gut, die Bühne zu klein, die Kinder zu laut und Dir hätte es überhaupt nicht gefallen. Das hätte man schon daran gesehen, daß Du unbedingt früher heim wolltest.

Danach erzählte der Opa, ihr wäret gestern Abend auf dem Christkindlmarkt gewesen. Das wäre alles nur Nepp und Bauernfang ... und auch das habe Dir gar nicht gefallen.

Ich versuchte einzubringen, daß ein Kind diese Dinge wohl etwas anders sähe als ein Erwachsener. Aber Opa war von sich und seiner Meinung auch in bezug auf Dich überzeugt, und die Oma pflichtete ihm sofort bei. Ich allerdings, ich war da eher skeptisch.

Als wir dann mit dem Auto heimfuhren, Du hinter mir im Kindersitz gesessen bist, habe ich Dich noch einmal gefragt, wie es Dir im Kindertheater gefallen habe. Ich wollte es noch einmal von Dir hören. Du warst schlichtweg begeistert. Du hast mir sofort einige lustige Dinge aus dem Stück erzählt und hast noch nachträglich schallend gelacht.

Ich fragte Dich ganz verblüfft, warum Du dann früher heim wolltest. »Ach«, hast Du mir gesagt, »weißt du, ab 16 Uhr lief im Fernsehen die Serie von Nils Holgerson, die ich doch immer so gern sehe ... und dazu wollte ich eben pünktlich daheim sein.«

So ... dachte ich, so, so lieber Opa ... wenn Du das jetzt gehört hättest; hier lag also des Rätsels Lösung.

Dann fragte ich nach dem Christkindlmarkt ... und ich war sehr auf Deine Antwort gespannt. Der, sagtest Du, sei sehr schön und habe Dir sehr gut gefallen. Nur hätte Opa immer so komisch geredet und da hättest Du eben nichts mehr sagen wollen. Und dann fragtest Du mich, wann wir dort einmal hingehen würden.

Na also ... ich kenne doch meinen Marcus. Und beim Gute-Nacht-Gebet hast Du dem lieben Gott erzählt, wie schön es am Wochenende bei Oma und Opa war ... und daß Du unbedingt mit mir zum Weihnachtsmarkt gehen möchtest.

Dein Papa

12.
Auf dem Christkindlmarkt

im Dezember 1986

Lieber Marcus

Samstagabend waren wir endlich auf dem Christkindlmarkt, nachdem Du mich jeden Tag dreimal gefragt hast. Es war ziemlich voll. Die Leute schoben uns nur so durcheinander. Ich hielt Deine kleine Hand fest in der meinen, damit Du mir ja nicht verlorengingst. Irgendwie hatte der Opa recht. Das war wirklich nur so eine Art besserer Jahrmarkt, auf dem manchmal weihnachtlicher Tand angeboten wurde. 20 Buden, einige Lichterketten, Kling-Glöckchen-klingelingeling aus allen Lautsprechern und Glühwein- und Würstchenstände voll umlagert – das war mein Eindruck. Mir persönlich fehlte die alte, geliebte Bratapfelatmosphäre. Mir war das alles viel zu unruhig.

Dir aber, der nichts anderes kennt, Dir leuchteten die Augen an jedem Stand. Du warst ganz quirlig und aufgeregt. An jedem Stand mußte ich Dich hochheben. Wir mußten alle Dinge bis in jede Einzelheit anschauen. Alles wurde von Dir, wenn nicht praktisch, so doch vom Geist her auf Funktion und Gebrauch begutachtet und untersucht. Zu allem hast Du Deinen Kommentar abgegeben und Dein Plappermäulchen stand überhaupt nicht still. Bei jedem Stand wurde Deine Wunschliste immer umfangreicher.

»Du Papa«, riefst Du oft ganz begeistert, **»ob mir das Christkind wohl das auch noch bringen kann?«** Ich riet Dir, da Du

67

ja schon ein bißchen schreiben konntest, alle Deine Wünsche auf Deinem Wunschzettel für das Christkindl aufzuschreiben. Jedoch, so gab ich zu bedenken, das Christkind werde wohl arge Schwierigkeiten haben, alle Wünsche zu erfüllen, denn alle Kinder dieser Erde möchten etwas geschenkt haben. Du schautest mich ganz nachdenklich an und meintest dann:

»Ja, Papa, ich glaube, da kannst du recht haben.« Aber beim nächsten Stand kam schon wieder die Frage, ob das Christkindl Dir nicht doch eventuell ... usw. Kindsein ist eben schön!

Kritisch für mich als Papa wurde die Situation vor dem einzigen Spielzeugstand, der von vielen Kindern umlagert war. Ich habe mich irgendwie geärgert. Gab es auf diesem sogenannten Christkindlmarkt kaum etwas anderes für Kinder, als diesen verdammten Spielzeugstand, so war dieser auch noch bis oben hin voll mit Kriegsspielzeug, als gäbe es nichts Besseres – besonders zur Weihnachtszeit! Dich interessierten natürlich vor allem die Messer, Revolver, Gewehre, Panzer und all das andere Kriegsspielzeug.

Ach, lieber Marcus, so dachte ich, ich kann Dich ja so gut verstehen. Auch auf mich haben als Kind Pistolen eine besondere Faszination ausgeübt. Wie oft haben wir damit totschießen gespielt. Ich glaube, allein meine Toten hätten einen ganzen Friedhof füllen können. Wir lagen auf den Trümmerbergen, die unsere einzigen Spielplätze waren. Wir knallten und brüllten, was das Zeug hielt. Jeder war am Tag mindestens 20mal eine Leiche. Auch wir hatten gar keine Vorstellung von Krieg, Tod und Grausamkeit ... genauso wie Du. Und wie toll habe ich mich gefühlt, wenn ich mich mit zwei selbstgebastelten Holzpistolen schmückte ..., und heute muß ich bei dem Gedanken daran lächeln.

Einmal habe ich allerdings eine Lektion bekommen, die ich bis heute nicht vergessen habe, weil sie für mich als Kind sehr schmerzlich war:

Ich spielte wieder einmal Totschießen der vorbeikommenden Leute. Da kam eine ältere Frau auf mich zu, sehr ärmlich geklei-det, die einen Handwagen hinter sich herzog. Ich zielte natürlich auch auf sie und schrie laut »peng!«.

Plötzlich ließ sie ihren Wagen los, riß mir meine Spielzeugpistole aus der Hand, warf diese auf die Erde und trampelte mehrfach darauf herum. Dabei schimpfte sie, das Schießen hätte genug Leid gebracht und man sollte die Kinder anders erziehen usw.

Ich weinte daraufhin fürchterlich, denn meine schöne Blech-pistole war natürlich total kaputt. Von da an war ich vorsich-tiger mit dem Schießen und Zielen auf Leute.

Aber richtig schlimm wurde die Sache erst so nach und nach, als die Spielzeug-Revolver immer perfektionierter wurden und schon richtig schossen ... Bolzen, Kugeln, Schrauben usw. Daß da nicht mehr passiert ist ... wir hatten wohl alle einen großen Schutzengel – nötig!

Wie mache ich Dir nur klar, daß alle diese Dinge eben keine Spielzeuge sind? Aber Krieg, Tod, Grausamkeit sind für Dich noch nicht vorstellbar, so wie für mich damals. Freilich, verbieten wäre eine Lösung, aber dann konstru-ierst Du Dir Pistolen aus Legosteinen. Ich habe das ja schon bei Dir erlebt. Ich sehe da noch keine klare Lösung. Viel-leicht sollte ich es Dir erlauben, aber doch versuchen, durch Gespräche in Deine Fantasie einzugreifen ... bewußtma-chen, was Schießen bedeutet.

Ich fühle mich als Papa ziemlich hilflos, ob das, was ich denke und tue, auch so richtig ist.

Wir sind noch eine ganze Zeit auf diesem Christkindlmarkt geblieben, denn Du warst einfach begeistert. Wir kauften uns auch noch eine Bratwurst und Du hast noch Deine geliebten Pommes gefuttert. Danach fuhren wir nach Hause. Und mein Marcus erzählte dem lieben Gott dann beim Gute-Nacht-Gebet, daß das heute ein besonders schöner Tag war.

Ich war zufrieden. Gute Nacht, Dein Papa

13.
Woher wissen wir das alles?

18. Dezember 1986

Lieber Marcus

Gestern, lieber Marcus, hast Du mir wieder einmal ein Beispiel gegeben, wie scharf Du mitdenken kannst. Du hast sogar mich in Schwierigkeiten gebracht, Dir zu antworten ... na, und das soll schon etwas heißen.

Dabei fing unser Gespräch beim Abendbrot so harmlos an. Du fragtest mich, weil unsere Oma immer noch im Krankenhaus liegt, ob die Oma jetzt wohl sterben werde.

Ich antwortete Dir, daß man unter Umständen damit rechnen müsse aufgrund der Schwere ihrer Krankheit, daß wir aber hoffen wollen, daß unsere Oma doch wieder gesund zu uns heimkommt.

Ob man das genau wisse, fragtest Du mich. Oh nein, sagte ich Dir, das zu wissen, dazu seien wir Menschen viel zu klein. Das wisse nur der liebe Gott.

Du überlegtest wieder und fragtest mich dann: *»Was passiert mit der Oma, wenn sie dann stirbt?«* »Dann kommt die Oma sicher in den Himmel«, erklärte ich Dir. *»Aber wenn die Oma dann in den Himmel kommt, dann braucht sie ja auch nicht auf den Friedhof«,* meintest Du.

Ich erzählte Dir, daß die Seele der Oma in den Himmel kommt, während unser Körper hier auf der Erde bleibt. Du fragtest

71

mich, wo im Körper die Seele sitze. Mein Lieber ... Du bist ein ganz schöner Schlaumeier, dachte ich mir.

Ich erklärte Dir, daß jeder Mensch eine Seele besitzt, die uns von Gott gegeben ist, wir diese aber nicht sehen können. *»Was tut denn die Seele im Himmel?«*, wolltest Du wissen. Ich erzählte Dir, welchen Sinn unser Leben hier auf Erden haben soll, aber daß der eigentliche Sinn unseres Lebens das Ewige Leben im Himmel sein wird.

»Das heißt also«, meintest Du, *»daß wir uns nach unserem Erdenleben alle im Himmel wiedersehen und dort miteinander weiterleben werden?« »Genauso ist es«*, bestätigte ich Dir.

Du hast wieder einige Zeit überlegt. Dann fragtest Du mich: *»Du Papa, sag mir mal, woher wissen wir Menschen das alles mit dem Himmel und mit der Seele und so?«* Ich erzählte Dir von Jesus, den Du ja schon sehr gut kennst, denn wir haben ja schon oft über ihn gesprochen. Und Jesus, welcher der Sohn Gottes ist, hat mit uns Menschen zusammen hier auf Erden gelebt. Er hat uns all dieses Wissen gegeben und hinterlassen.

Ja, Jesus, das war Dir ein Begriff, von dem hast Du schon sehr viel gehört, von mir, von Mama, auch des sonntags in der Messe.

»Und Jesus weiß das alles von Gott?« fragtest Du mich. Ja, erklärte ich Dir, Gott hat uns erschaffen, er kennt den Plan für unser Leben, den Zeitpunkt des Anfangs und des Endes. Er weiß alles, von den Blumen über die Pflanzen, die Tiere ... einfach alles.

Du schautest mich nach längerem Nachdenken zweifelnd an und fragtest mich noch einmal. *»Schön«,* sagtest Du, *»Gott weiß alles, aber warum weiß er alles, wer hat ihm das gesagt?«*

Da mußte selbst ich nachdenken. Ich sagte Dir, daß Gott alles weiß, alles geschaffen hat, weil er Gott ist. Denn Gott weiß alles, sieht alles, macht alles, sagt uns, wie wir leben sollen usw. ..., weil ER DER SCHÖPFER allen SEINS ist.

Dann hast Du lange Zeit still weitergegessen. Man sah direkt, wie Du überlegt hast. Plötzlich fragtest Du mich: *»Du, Papa, wenn Gott uns das alles gesagt hat, wenn er alles erschaffen hat, wenn er alles weiß, dann möchte ich nur wissen: WER HAT DENN DEN LIEBEN GOTT ERSCHAFFEN?«*

Ich gebe zu, ich war platt. Ich fragte mich, wie alt Du eigentlich bist. 7 Jahre – und solche Denkschärfe!

Meine Antwort war für Dich sicherlich dürftig. Ich wisse das auch nicht, habe ich Dir gesagt. Aber ich tröstete mich mit dem Gedanken ... wer weiß das schon. Glauben müssen wir es halt, und das habe ich Dir versucht, zu erklären.

Ich fühle mich ziemlich hilflos ...

Dein Papa

14.
Weihnachten, Heiliger Abend

Gestern war Weihnachten, Heiliger Abend – für Dich: endlich!

Dieser ganze Dezember hatte und hat für Dich ja schon immer eine ganz besondere Bedeutung. Für Dich ist Weihnachten wirklich das Fest der Liebe ... oder vielleicht besser das Fest der Geschenke.

Das beginnt schon am 1. Dezember mit dem Aufhängen des Adventkalenders, den die Mama selbst gebastelt hat. In 24 kleineren und größeren Säckchen sind Kleinigkeiten, die Du magst, auch Süßigkeiten eingepackt. Jeden Morgen nach dem Aufstehen stürzt Du sofort darauf los und es gibt – je nachdem – einen mehr oder weniger lauten Juchhu-Schrei.

Gleichzeitig mit dem ersten Dezember aber begann für Dich die Wunschliste für das Christkindl zu wachsen. Ich motivierte Dich immer, alle Deine Wünsche aufzuschreiben oder aufzumalen ... was Du auch mit Feuereifer getan hast.

Allerdings bremste ich Dich ständig. Ich erzählte Dir immer, daß das Christkindl doch kein riesiges Warenhaus hätte, um alle Wünsche aller Kinder dieser Welt zu erfüllen. Also sollte sich jedes Kind auf einige Wünsche konzentrieren und nicht alles haben wollen.

Das hast Du auch eingesehen. Und so wurde diese Wunschliste fast täglich neu geschrieben bzw. gemalt, denn die Wünsche wechselten ständig.

»Du, Papa, meinst Du nicht, daß mir das Christkindl das auch noch...?« Wie oft habe ich dann mit Dir über Wünsche und Geschenke und wo das Christkindl das alles her hat usw. geredet und diskutiert.

Da Weihnachten für Deine Mama auch eine ganz besondere Bedeutung hat, stand sie oft in der Küche und hat Kekse, Plätzchen und all die leckeren Herrlichkeiten gebacken, die ein Weihnachtsfest zu dem machen, was es ist.

Du hast natürlich immer mitgeholfen: Schüssel ausschlecken, Rühr- und Kochlöffel abschlecken, Teig naschen, Formen mit Eifer ausstechen und ofenfrische Plätzchen immer aufs Neue probieren. Es könnte ja sein, daß da irgendwelche Unterschiede da sind, die Du noch nicht entdeckt hast.

Jeden Tag hast Du mich mit etwas Neuem überrascht: Strohsterne, Gold- und Silberpapiersterne, Klebebilder, Fensterbilder und und und. In jeder freien Minute bist Du mit der Mama oder mit mir gesessen und hast gemalt, geklebt, gebastelt. Die Wohnung glich so langsam einem weihnachtlichen Trödelmarkt. Du warst mit einem ungeheuren Eifer dabei und ich fragte mich, wann Dir einmal die Ideen ausgehen werden.

In diesem Jahr gab es für Dich auch eine Neuigkeit. Sonst stand am Heiligen Abend der Christbaum immer schön geschmückt und von Kerzen erleuchtet da. Das Christkindl habe ihn uns hergestellt, so sagten wir Dir.

In diesem Jahr haben wir Dir erklärt, daß ab dem Moment, wo die Kinder in die Schule kommen, die Eltern dem Christkindl helfen müssen, weil es mehr für die kleinen Kinder da ist und nicht alles tun kann.

Also sind wir Mitte Dezember zum Christbaumkaufen gefahren. Du warst wieder ganz aufgeregt und durftest Dir den Baum unter unserer Anleitung aussuchen.

Am Tag vor dem Heiligen Abend haben wir dann beide den Baum in das Wohnzimmer getragen. Ich erklärte Dir nun, wie der Baum gesägt, geschnitten und festgeschraubt werden muß.

Du bist dann in den Keller gerannt, hast Säge, Zange und Schraubenzieher geholt und Dich unter meiner Anleitung an die Arbeit gemacht, bis alles fertig war.

Am Heiligen Abend hast Du dann am Vormittag mit der Mama zusammen den Baum geschmückt. Du bist die Leiter rauf- und runtergefegt, hast Kugel um Kugel, Lametta um Lametta, auch Spielzeug von Dir und Naschwerk mit Feuereifer an den Baum gehängt. Nur die Kerzen waren das Werk von Mama. Da ist Dir Zipfel nicht zu trauen.

Um 16.30 Uhr sind wir zur Kindermesse in die Kirche gefahren. Das war eine harte Geduldsprobe für Dich, denn Du wußtest ja, wenn wir weg sind, kommt das Christkindl und bringt die Geschenke, d. h., die Mama hatte, als wir zur Garage gingen, schnell die vielen Päckchen unter den Christbaum gelegt.

Wieder daheim angekommen, bist Du sofort ins Wohnzimmer gestürzt, und – tatsächlich: das Christkindl war schon da!

Dann kamen Oma und Opa. Auch sie brachten noch viele große und kleine, schön verpackte Schachteln mit. Sie sagten, das Christkind habe diese bei ihnen abgegeben. Wir zündeten die Bienenwachskerzen am Christbaum an.

Ich las das LUKASEVANGELIUM vor, und Du hast Dich danach auf alle Päckchen gestürzt, die vielen liebevoll angebrachten Bänder und Schleifen heruntergerissen, ebenso das Schmuckpapier, und zu jedem Inhalt gab es einen Freudenschrei.

Was Du nie sahst – aber wovon Du profitiertest – war: Zwischen Oma und Opa und uns gab es, seit dem Du auf der Welt bist, versteckt einen erbitterten Kleinkrieg.

Was immer wir mit Dir oder für Dich taten, der Oma war es kaum recht, obwohl sie das ja eigentlich nichts anging. Zu uns redete sie kaum, dafür Dir gegenüber umso mehr, und ihre Taten waren deutlich.

Als Dir die Mama z. B. im Supermarkt einen herzallerliebsten großen Teddy – von Dir Brummi getauft – kaufte, mußte die Oma sofort auch einen kaufen, der auch noch brummte, aber der wesentlich teurer war, von Steiff versteht sich … damit du bei ihnen auch einen Teddy hast (d. h. der unsere war wieder nicht gut genug – den konntest Du also daheim lassen).

Als ich Dir ein gebrauchtes Kinder-Dreirad von einem Kollegen mitbrachte, das wir beide nach Deinem Wunsch miteinander schön blau-weiß angestrichen hatten, hast Du von der Oma sofort ein nagelneues Dreirad bekommen. Das meine war natürlich nicht gut genug.

Bei Deinem ersten Kinderrad war es genau dieselbe Geschichte.

Bei der Oma hattest Du auch eigenes Spielzeug und komplette Kleidung, denn wir kauften Deine Kleidung oft im Secondhandshop, was ihr nicht gut genug war. Sie kaufte dafür Sachen für Dich im teuersten Laden des Ortes.

Wenn ich Dich am Wochenende zu Oma und Opa brachte, so konnte ich Dir anziehen, was ich wollte. Sie zog Dich sowieso um. Einmal waren ihr Deine Socken zu dreckig, ein anderes Mal war das Hemd nicht gut gebügelt usw. Ich konnte ihr anscheinend nichts rechtmachen. Sie fand immer etwas auszusetzen – und meinte damit eigentlich mich – weil sie mich nicht mochte.

So war es dann Weihnachten auch. Sie mußten immer die besseren Geschenke haben. Nur dieses Jahr, da habe ich alle haushoch geschlagen.

Du hast gerade ein riesiges Paket geöffnet, da kam ein Freudenschrei. Denn darin war eine Lego-Eisenbahn zum Zusammenbauen mit Waggons, Motor, Trafo und Schienen. Die Geschenke von Oma und Opa hast Du daraufhin kaum mehr beachtet. So saßen wir beide fast drei Stunden und haben die Lokomotive, die Waggons, die Schienen usw. zusammengebaut. Dann lagen wir auf dem Boden und spielten Eisenbahn.

Oma und Opa schienen in diesem Jahr über den Ausgang ihrer üppigen Geschenkaktion nicht sehr glücklich, ich umso mehr.

Als Du dann um 23.00 Uhr völlig überdreht doch noch endlich eingeschlafen bist, unser Wohnzimmer vor lauter Geschenkpapier, Kisten, Kartons und Schleifen einem Jahrmarkt glich, bin ich still auf der Terrasse in der kalten Schneeluft gestanden und habe in die Sterne geblickt. Ich habe mich dabei zurückerinnert, wie ich als Kind Weihnachten erlebt habe.

Im Vergleich zu Dir war mein Weihnachten geradezu kläglich.

Auch meine Mutter machte immer einen Weihnachtsbaum, aber der war wirklich kein Vergleich zu unserem.

Ich wurde am Heiligen Abend immer für einige Stunden auf die kalte Straße geschickt, damit Mutter Zeit hatte, unser winziges Zimmer herzurichten. Da war ich dann – wieder einmal – allein. Ich ging durch die fast menschenleeren Straßen und sah durch die vielen Fenster der hohen, trostlosen, oft noch vom Krieg zerstörten Gebäude. Hinter jeder Glasscheibe stand eine leuchtende Kerze; Erinnerung an die Gefallenen des Krieges und Hoffnungslicht auf ein Wiedersehen.

Aber hinter den Gardinen stand in fast jedem Zimmer ein großer geschmückter Christbaum. Ich hoffte immer, ob nicht auch bei uns einmal … aber ich wußte ja … wir hatten kein Geld – wie Mutter immer sagte.

In jedem Jahr bin ich die ganze Adventszeit über fast täglich viele Kilometer gelaufen, zu dem einzigen Spielzeugladen in der Gegend. Da, im Schaufenster, lief mein ewiger Wunschtraum, eine Märklin-Eisenbahn, immer im Kreis herum. Ich drückte mir die Nase an der Scheibe platt, fast täglich, stundenlang, und auf meinem Wunschzettel stand immer nur der eine Wunsch: diese Eisenbahn.

So lungerte ich also frierend und einsam durch die quasi menschenleeren Straßen mit den vielen vom Kerzenschein erleuchteten Fenstern, zwischen Hoffen und Bangen, ob vielleicht dieses Weihnachten … vielleicht doch? An Christkind oder Weihnachtsmann glaubte ich schon lange nicht mehr. Mutter war realistisch. Deshalb war klar: alles kommt von ihr … und sie hatte für Spielzeug weder Sinn noch Geld.

Dann, pünktlich um 19 Uhr stand ich wieder durchgefroren vor der Tür. Trotzdem mit sehnendem Herzen.

Die wenigen Kerzen an dem kleinen Baum brannten ... und darunter stand – wie in jedem Jahr – ein Pappteller mit einem Apfel, einer Apfelsine, einigen Nüssen und drei Lebkuchenherzen. Daneben lagen Malstifte für die Schule und die Hose und der Pullover, die Mutter mir schon im Sommer auf Abzahlung für Weihnachten gekauft hatte, weil es im Sommer billiger war.

So mußte ich jedes Jahr die Enttäuschung wegen der elektrischen Eisenbahn hinunterschlucken. Damit war mein Weihnachten vorbei.

Dafür phantasierte ich gegenüber meinen Klassenkameraden, was ich alles zu Weihnachten bekommen hätte. Somit wurden meine Wünsche doch noch irgendwie zu Wirklichkeit – und ich brauchte mich nicht zu schämen.

Aber ich glaube, man kann eben die Zeit von damals und heute nicht miteinander vergleichen. Ich bin froh, daß Du, lieber Marcus, heute leben darfst.

Aber meinen Kindertraum, eine elektrische Eisenbahn, erfüllte ich mir jetzt – für Dich. Noch dazu eine, bei der man ständig neu konstruieren kann – eben aus Legosteinen. Diese Lego-Eisenbahn wurde dann für viele Jahre zu Deinem absoluten Lieblingsspielzeug. Na, wer kann das besser verstehen als ich ...

Heute ein etwas melancholischer Papa

15.

Bauchweh

Mein lieber Marcus

Gott sei Dank. Das scheint endlich vorbei zu sein. Du hast mir in den letzten Monaten wirklich großen Kummer bereitet. Aber ich bin mir sicher, das war nur eine direkte Folgereaktion darauf, daß ich – oder präziser die Mama – Dir Kummer bereitet haben.

Ungefähr 4 Wochen nachdem die Mama wieder einmal wegen der Folgen eines schweren Verkehrsunfalls im Krankenhaus war, hast Du begonnen, über Bauchweh zu klagen. Nun, wir beide haben alles versucht: Wärmflaschen, Tee, Diät, Coca-Cola, Homöopathie …, aber Dein Bauchweh und zeitweise Deine Kopfschmerzen blieben hartnäckig. So langsam schlich sich in mir der Verdacht hoch, daß diese Beschwerden wohl seelische Ursache haben könnten (**depressive Reaktion auf Mutterverlust!**).

Also habe ich mit Deiner Lehrerin telefoniert. Auch sie bestätigte mir, daß Du zur Zeit gedanklich oft abwesend wärst und nicht mit der gewohnten Konzentration und dem gewohnten Eifer mitarbeitest. Aber, so fügte sie hinzu, sie fände es eigenartig, daß Du, der sonst immer gleich alles erzählst, noch nicht einen einzigen Ton gesagt hättest, daß die Mama seit vielen Wochen schon im Krankenhaus sei. Dieser Hinweis, ich muß es zugeben, war auch für mich interessant.

81

So bin ich also mit Dir zum Kinderarzt gegangen. Ich habe ihm von unserer häuslichen Situation – Oma und Mama im Krankenhaus – wir allein – und von Deinen Beschwerden erzählt. Ich bat ihn, zu klären, ob diese Beschwerden organisch bedingt oder psychischer Natur seien. Er sagte auch, das könne eine seelische Reaktion auf den Mutterverlust sein.

Nun, wir waren dann einige Male beim Kinderarzt. Du hast eine Reihe von Untersuchungen über dich ergehen lassen müssen.

Einmal warst Du wirklich tapfer. Wir waren nämlich ins Labor zum Blutabnehmen bestellt. Du fragtest mich schon vorher, ob das weh tue und wozu der Doktor das Blut brauche, und wozu wir überhaupt im Körper Blut haben usw. usw. So plauderten wir beide in üblicher Weise, d.h., Du fragtest und ich gab Dir die Antworten.

Dann waren wir an der Reihe. Wir sind ins Labor gegangen und Du hast Dir schon einmal vorbereitend ein Pflaster mit einer Figur darauf ausgesucht. Dann haben wir Deinen Oberkörper freigemacht und uns beide auf die Untersuchungsliege gesetzt. Dabei hast Du Dich fest an mich herangekuschelt und ich habe meinen Arm um Dich gelegt. Bis der Doktor kam, haben wir wie immer herumgealbert.

Du hast mich dann gefragt, ob bei mir als Kind auch Blut abgenommen worden sei. Ich konnte mich zwar nicht daran erinnern, sagte Dir aber im Brustton der Überzeugung: *»Ja, selbstverständlich, des öfteren sogar!«*

Du fragtest mich: *»Du, Papa, und was ist, wenn ich weinen muß?«* Das sei doch ganz einfach, sagte ich Dir, dann weinst

Du eben. Wir Menschen weinen nun einmal, wenn uns irgend etwas weh tut oder wenn wir sehr traurig sind. Das sei ganz normal, so sagte ich Dir. Daraufhin warst Du dann sehr beruhigt.

Oh nein, mein lieber Marcus, so dachte ich mir, bei mir sollst Du nicht lernen, daß Männlichkeit nur Härte zu bedeuten hat. Du sollst von mir lernen, daß es bei Gott keine Schande oder nur Zeichen von Weiblichkeit ist, seine Gefühle zu zeigen.

Zeig' und sage, was in Dir vorgeht. Weine, wenn Du traurig bist, lache, wenn Du Dich freust, verstecke Dich nicht hinter einer künstlichen Fassade. Dein inneres Leben wäre dadurch um vieles ärmer.

Als der Kinderarzt dann kam, waren wir wieder voll im Gespräch. Du hast ganz ruhig zugeschaut, wie er mit der dünnen Nadel in Deine kleine Vene stach und so das Blut tropfenweise In ein Reagenzglas lief. Danach gab es noch als Belohnung einige Gummibärchen und ich habe Dich dann in die Schule gefahren, wo Du von Deinen Klassenkameraden schon erwartet wurdest. Aber alle Untersuchungen waren negativ. Ich hatte wohl recht: Bauchweh, Eßunlust, Kopfweh usw., **das war bei Dir der Ausdruck Deiner Seele dafür, daß Dir die Mama wohl sehr fehlte (Depression).**

Immer öfter hast Du über Bauchweh und Kopfweh geklagt … bis die Mama endlich wieder daheim war, endlich nach 13 Wochen Krankenhaus. Dann, nach einigen Tagen, war der ganze Spuk verschwunden. Hier habe ich es wieder einmal ganz deutlich gemerkt, wie sensibel Du bist, wie intensiv Deine Seele auf

Störungen Deiner Lebensumstände reagiert, denn die Mama ist eben die Mama.

Jede Mutter hat für ihr Kind besondere Wichtigkeit und Bedeutung. Neun Monate im Mutterleib und drei intensive Jahre im Säuglings- und Kleinkindalter, noch dazu die Stillzeit, alles das schafft eine ganz besondere Mutter-Kind-Beziehung (Symbiose).

Ich habe nun schon zum wiederholten Male erleben müssen, wie stark psychosomatisch Du bei Mutter-Kind-Störungen reagierst. Ich als Papa kann alles mögliche versuchen, aber ich kann Dir nicht die Mama ersetzen, weil ich nicht die Mama bin. (Irgendwie bin ich auf Eure besondere Beziehung direkt ein bißchen eifersüchtig.)

Diese ganze Geschichte ist mir wieder eine große Lehre gewesen.

Dein Papa

16.
Vaterunser

Lieber Marcus

Mein armer Spatz! Ich habe Dich noch nie so deprimiert gesehen wie heute. Dabei ist es sogar mir schwergefallen, Dich wenigstens etwas aufzurichten. Ja, mein lieber Marcus, die Lebensschule ist eben manchmal sehr hart, besonders dann, wenn man so wie Du von einer großen Freude in einen Abgrund gestoßen wird. Es ist auch wirklich ein Kreuz mit Deiner Lehrerin. Dabei begann alles so harmlos:

Du hast am Freitag ein DIN-A4-Blatt von der Schule mitgebracht, auf dem viele verschiedene Gebete abgedruckt waren. Du solltest Dir eines davon aussuchen, dieses lernen und am Montagmorgen vor der Klasse vortragen.

Wochenendhausaufgaben – wie immer. Deine Lehrerin meint dazu, wir leben halt in einer Leistungsgesellschaft, das müssen Kinder auch frühzeitig lernen. Lesen, Rechnen, Schreiben usw. lernen die Kinder nicht dadurch, daß sie nur in die Schule gehen. Da müssen die Eltern mithelfen (Hilfslehrer Elternhaus) und kräftig mit den Kindern üben – auch am Wochenende.

Tja … Und wenn man sich gegen dieses System sperrt, weil man seinem Kind auch ein wohlverdientes Wochenende zum Kindsein und Spielen gönnen will, dann werden die Eltern dafür durch schlechte Noten ihrer Kinder bestraft.

Denn andere Kinder können es ja, heißt es dann, nämlich da, wo die Eltern im Sinn der Lehrerin auch funktionieren, das bekommt man dann indirekt vorgehalten. Also muß man zwangsläufig als Elternteil, damit sein Kind in der Klasse keine Nachteile hat und auch gut mitkommt und auch gute Noten bekommt, daheim mitmachen.

Wir suchten also miteinander, haben alle Gebete durchgelesen und das einfachste für Dich war das Vaterunser. Es ist nicht nur das Gebet der Gebete, sondern Du brauchtest da gar nichts zu lernen. Du konntest es sowieso schon wunderbar auswendig, denn wir beten es jeden Morgen vor dem Frühstück zusammen. Und in der sonntäglichen Messe beten wir es auch.

Trotzdem: Vertrauen ist gut, Kontrolle ist besser. Du hast uns am Wochenende mehrfach das Vaterunser vorsagen müssen (ein Gebet wie ein Gedicht lernen!). Wir haben, damit Deine Lehrerin da auch zufrieden ist, noch etwas am Ausdruck und an der Betonung gefeilt und waren voll Freude, daß Du es so perfekt, flüssig und gut betont vorbeten (vortragen!) konntest.

Beim Frühstück am Montag in der Früh hast Du dann das Vaterunser zum letzten Mal ganz allein vorgebetet. Ich gab Dir einen Kuß, freute mich mit Dir, weil Du es so perfekt konntest.

Als ich am Abend vom Dienst heimkam, warst Du blaß, hattest keinen Appetit und bist still in Deinem Zimmer gesessen. Da haben bei mir natürlich die Alarmglocken geläutet. Ich habe Dir einen Begrüßungskuß gegeben, habe Dich umfaßt und zu Dir gesagt, daß Du sehr traurig aussähst. »Ja,« hast Du gesagt, Du seist auch traurig, und das alles wegen

86

Deiner blöden Lehrerin. Und dann hast Du mir den ganzen Hergang erzählt:

Du seist in der Früh in die Schule gegangen in dem guten Bewußtsein, alles bestens zu können. Du hättest Dich dann auch als erster gemeldet und mit Freude mit dem Vaterunser begonnen. Aber die Lehrerin habe Dich gleich zu Beginn energisch (wie sie nun einmal ist) unterbrochen, weil Du gebetet hättest *»Vater unser, der Du bist im Himmel«*. Sie habe Dich sofort scharf korrigiert, es müsse »Vater unser im Himmel« heißen.

Heiliger Strohsack, habe ich gedacht, wir beten immer so wie früher, eben »der du bist im Himmel«, … wie kann man denn nur so kleinlich und pingelig sein?

Damit aber habe Deine Lehrerin Dich aus dem Konzept geworfen. Nun verlangte sie von Dir, Du solltest das Vaterunser ablesen – nach 4 Monaten Schule bittesehr!!! -. Aber das hatten wir natürlich nicht geübt, denn es war so nicht verlangt. Verständlicherweise ging das langsam und stockend und bald habe Dich Deine Lehrerin ungeduldig unterbrochen, habe geschimpft, man solle sich nicht so lange Gebete heraussuchen und wenn, dann diese besser vorbereiten. Da war es dann aus mit all Deinem Mut und aller Freude. Aber von einem kurzen Gebet war im Hausaufgabenheft nicht die Rede, d. h., die Aufgabenstellung bezüglich des Gebets war wieder einmal – wie schon so oft – nicht genau definiert, aber diese Lehrerin hat sehr genaue Vorstellungen, wie das Endergebnis aussehen soll. Ich fragte Dich, nun selbst innerlich verärgert, ob ich mit Deiner Lehrerin einmal telefonieren sollte, denn das war auch mir wirklich zu viel. Du warst ganz erleichtert und hast gesagt: *»Au ja, Papa, rede doch bitte mit ihr.«*

Ich fragte Dich, ob Du Angst vor ihr hast. *»Ja, sehr!«* sagtest Du sofort *»die schimpft immer gleich drauflos! Der kann man nichts rechtmachen!«*

Ich habe daraufhin mit ihr telefoniert. Ich habe ihr von unserem Gespräch, von Deinem jetzigen Verhalten und von unseren Vorbereitungen erzählt. Sie milderte sofort alles ab, sie habe dafür Verständnis und sie würde auch gar nichts überbewerten.

Leider gibt es Lehrer, die merken oft gar nicht, welche Macht, welchen Druck sie besonders auf sensible Kinder ausüben, zusätzlich noch, wenn sie für die kindliche Seele anscheinend zu wenig sensibel sind, wie diese Geschichte zeigt. Gleichzeitig wird über eine solche Lehrkraft auch Macht bis ins Elternhaus ausgeübt ..., und viele Eltern, insbesondere bei uns am Land, wo jeder jeden kennt, machen mit, damit es ihrem Kind in der Schule gut geht. In der Großstadt sähe das ganz anders aus.

Tja, mein lieber Marcus, Du lernst eben jetzt Anpassen, Eingliedern und auch einmal den Kopf einzuziehen, auch wenn es nicht gerechtfertigt ist. Ich kenne Dein ausgeprägtes Gerechtigkeitsgefühl und weiß aus eigener Erfahrung, wie weh das tut.

Ich fände es gut, wenn Du manchmal, statt so sensibel nach innen zu reagieren, richtig wütend werden würdest. Ich teile heute Deinen Ärger auf Deine Lehrerin,

Dein Papa

17.
Die erste Strafarbeit

im Februar 1987

Lieber Marcus

Heute bist Du von der Schule gekommen und erzähltest mir sofort beim Aussteigen aus dem Auto, daß Du eine Strafarbeit von Deiner Lehrerin bekommen hast. Ich fragte Dich, warum Du diese Strafarbeit machen müßtest und Du erklärtest, weil Du geredet hättest.

Na ja, so dachte ich mir, bei Deinem Temperament und Deiner Redelust ... aber, so fragte ich mich: Müssen denn gleich immer solche disziplinarischen Maßnahmen her, die am Ende unter Umständen ein liebenswertes, temperamentvolles Kind zu einem Duckmäuser umfunktionieren?

Ich halte Strafarbeiten, insbesondere vor der ganzen Klasse aufgegeben, für pädagogisch wenig sinnvoll, weil Kinder sich hier blamiert fühlen und auch ganz bewußt blamiert werden.

Deine Tante Emanuela, selbst Lehrerin in der 1. und 2. Klasse, hält Strafarbeiten sogar für ein pädagogisches Armutszeugnis. Sie sagte mir dazu:

»Durch Strafarbeiten wird die kindliche Sensibilität geradezu mit Füßen getreten und es werden auch Ängste in diesem Kind erzeugt. Das Kind wird diese Ängste dann direkt oder kompensiert ausleben (d. h. als frech, aufsässig, Stö-

rer oder als angepaßter Duckmäuser – was ja dann auch wieder gegenüber den Eltern kritisiert wird). Ein direktes Gespräch unter vier Augen würde da viel mehr bringen, besonders bei so anpassungsfähigen und – willigen Erst-klaßlern.

Ich erinnere mich da noch sehr gut an meine Kindheit, an die 1. und 2. Klasse. Auch ich war sehr lebhaft, hatte Temperament, und meine Mitschüler waren mir im Denken und mit ihrer Fantasie immer viel zu langsam.

So war mein Finger natürlich ständig oben und wenn bei den anderen die Antwort nicht sofort kam, dann hat es mich förmlich zerrissen und ich habe dann ungefragt die Lösung in die Klasse hineinposaunt. Natürlich geht das so nicht, das ist gar keine Frage.

Und hier griff dann auch drastisch die strafende Pädagogik ein. Und weil sie nicht in der Lage war, kindliche Seelen zu verstehen und damit kindgerecht zu reagieren, gab es Strafen, und immer wieder Strafen, die meiner heutigen Meinung nach als Psychotherapeut ein pädagogisches Armutszeugnis darstellen.

So stand ich oft vor der Klasse in einer Ecke und mußte eine Stunde lang die Wand anstarren. Ich bekam so manchen Tadel. Ich mußte oft in der Strafbank der ersten Reihe sitzen! Ich erledigte viele Strafarbeiten. Ich mußte zeitweise nachsitzen und wurde auch in meinen Zeugnissen mit den Vermerken »schwatzhaft« und »vorlaut« bedacht.

Das gab daheim dann immer die nachfolgenden Prügel von der Mutter, die mich – kooperativ gesteuert von den schriftlichen

90

Eintragungen meiner Lehrerin – solange prügelte, bis ich in diesem System bestens funktionierte.

Und der »Erfolg« stellte sich dafür so ab der 3. Klasse ein. Ich sagte in der Klasse quasi nichts mehr. Ich redete nur noch, wenn ich aufgerufen wurde. Ich zog den Kopf ein, schien nach außen angepaßt. Ich entwickelte aber auch aus Angst keine schulischen Aktivitäten mehr.

Und ich, der ich mit Lust und Liebe diese Schule begonnen hatte, ging nur noch mit Widerwillen dorthin. Ich war nun angepaßt: aus Angst vor schulischen Strafen und aus Angst vor der dann folgenden Prügel daheim. Jetzt allerdings hieß es wieder, Carlo arbeitet in der Schule zu wenig mit.

So werden temperamentvolle, lebhafte, intelligente Kinder in ihren Anlagen kaputtgemacht, statt daß ihre Fähigkeiten und Aktivitäten in richtige Bahnen gelenkt und sie gefördert würden. *Schwarze Pädagogik* nennt man das heute.

Ich rede hier gar nicht davon, daß zeitweise auch einmal eine feste Hand notwendig ist und auch steuernd eingegriffen werden muß. Ich habe selbst lange genug Unterricht erteilt, um zu wissen, was ich sage. Es ist doch immer nur eine Frage des »Wie«.

Aber was ist denn daran pädagogisch und/oder erzieherisch überhaupt sinnvoll, einem Erstklaßler wie meinem Marcus, der kaum schreiben kann, nur weil er geschwätzt hat, einen Teil der Schulordnung(!) als Strafarbeit abschreiben zu lassen, die vom Inhalt her noch nicht einmal im Zusammenhang zu seinem sogenannten »Vergehen« steht?

Ich bezweifle wirklich das Einfühlungsvermögen dieser Lehrkraft in die kindliche Psyche. Ich habe leider den zwingenden Eindruck, dieses Strafsystem der Jahrhundertwende hat sich in den 30 Jahren, seitdem ich der Schule den Rücken gekehrt habe, bei manchen Lehrkräften voll erhalten. Schade!

Nun, wir haben uns dann von Mann zu Mann unterhalten und Du hast mir erzählt, wie es zu dieser Strafarbeit kam. Eure Lehrerin kommt nach der Pause immer etwas später. Sie schreibt jedoch vorher Aufgaben an die Tafel. Wenn die Pause zu Ende ist, dann müßt ihr brav und ruhig auf Eurem Platz sitzen und diese Aufgaben lösen, dürft aber dabei nicht reden. Wer redet, so hat die Lehrerin angeordnet, wird vom Klassensprecher aufgeschrieben. Und da Du sehr kommunikativ bist, kann ich mir lebhaft vorstellen, wie schwer es für Dich war, immer ruhig zu sein. Also hat Dich Euer Klassensprecher mehrfach aufgeschrieben und Dich so, nachdem Eure Lehrerin von der für sich verlängerten Pause zurückkam, angeschwärzt.

Deine Tante Emanuela, selbst Lehrerin, war über die Art und Weise, wie diese Strafarbeit entstanden ist, sehr aufgebracht. Sie sprach von **antiquiertem Aufpassersystem, welches in den Kindern mit Sicherheit Ärger, Mißgunst, Neid, Wut, je nach Temperament, besonders auf den Aufpasser, der sich wieder Rückhalt bei der Lehrerin holt, erzeugt. Sie sagte dazu, sie halte dieses gemeine System, daß sich Kinder untereinander (noch dazu im Auftrag der Lehrerin) anschwärzen müssen, für geradezu unwürdig.**

Für mich war bei dieser Geschichte noch etwas anderes wichtig: **War diese Strafarbeit in Deinen Augen gerechtfertigt oder nicht?**

Mir schien, Du hattest eingesehen, daß allzuviel schwatzen für die Klassengemeinschaft nicht gerade förderlich sei. So hast Du Dich an Deinen Schreibtisch gesetzt und eben einen Teil der Schulordnung abgeschrieben.

Tja, mein lieber Marcus, das war wieder ein neuer Lernschritt für Dich. In einer Gemeinschaft kann man nicht sich selbst leben. Man muß sich anpassen und manchmal wird man dazu sogar gezwungen.

Das zu lernen, wird für Dich sicher nicht ganz einfach sein, denn Du hast ja nie Kinder in Deinem Alter zum Spielen gehabt. Du bist zwar, eben gerade weil Du ein Einzelkind bist, schon sehr früh in den Kindergarten gegangen, aber jetzt hier in der Klasse, nur unter Gleichaltrigen, noch dazu mit dieser Lehrerin, das ist doch eine andere Situation.

Nun, wir haben dann noch einmal die Situation miteinander besprochen. Ich habe versucht, Dir klarzumachen, daß unser Leben miteinander eben nur dann gut funktioniert, wenn wir gegenseitige Rücksicht üben … in der Familie, früher im Kindergarten, jetzt in der Schule.

Wir haben viele Beispiele gefunden, um diese Art der Rücksicht zu verdeutlichen, und ich hatte den Eindruck, daß Du genau verstanden hast, worum es geht.

Aber wir werden sicherlich noch viel miteinander zu reden haben, damit Du auf der einen Seite unser menschliches Miteinander besser verstehen lernst und damit dann auf der anderen Seite – besonders in Deinem Seelenleben – nicht allzuviel kaputtgemacht wird ... insbesondere von einer jungen Lehrkraft, die anscheinend von sensiblen Kindern nicht viel versteht.

Dein Papa

18.
Lügen haben kurze Beine

im März 1987

Lieber Marcus,

Du bist ein Schlingel! ... und noch ein ganz raffinierter Schlingel dazu, obwohl Du mich vorhin ganz bewußt belogen hast ... Es war übrigens das erste Mal. Sonst hast Du immer nur so ein bißchen geflunkert, wenn mal wieder Deine Fantasie übersprühte. Und wenn es zu viel wurde, dann habe ich Dich an Deinen beiden Ohren genommen, Dich zu mir herangezogen, Dir einen Kuß auf Deine Nase gegeben und Dir gesagt, während ich in Deine lachenden Augen schaute: *»Marcus, Du bist ein alter Flunki!«* Dann hast Du immer ganz lauthals und schelmisch gelacht.

Deine beiden Omas hingegen haben Deine Flunkerei oft als Lügen bewertet und abgetan. Ich hatte dann immer Schwierigkeiten, die Situation wieder zu klären, denn Du hast nie gelogen ... das hattest Du auch gar nicht nötig.

Ich, ich hingegen habe als Kind häufig gelogen, vielleicht um endlich einmal im Mittelpunkt zu stehen, vielleicht um Liebe zu erbetteln ... denn die habe ich als Kind nie bekommen. Aber ich habe insbesondere aus Angst vor Strafe gelogen, denn meine Mama war sehr, sehr streng mit mir; sie hatte kaum Geduld, und sie schlug mich oft. Ich glaube, daß alles, was ich anfaßte, ihrer Meinung nach verkehrt war, und vor lauter Unsicherheit und Angst vor Schlägen log ich ..., und wenn meine Lügen herauskamen, gab es wieder Schläge ... ein Teufelskreis also.

*So wurde ich von ihr gern den anderen als Lügenkind vorge-
stellt. Wenn es doch nur einen Erdboden gegeben hätte, in den ich
hätte versinken können. Denn ich wollte ja eigentlich gar nicht
lügen, aber ich mußte einfach. So blieb mir manche Prügel erspart und ich erlog mir sogar dadurch wenigstens einige für
mich, ach, so wichtige Streicheleinheiten, die ich normal sonst
nie bekommen hätte. – Traurig, nicht wahr?*

**Aber Du Schlingel, Du brauchst bei mir nicht zu lügen. Ich
versuche immer, für alles das, was Du anstellst, Verständnis
zu haben, auch wenn es mir manchmal nicht gefällt. Und
normalerweise reden wir dann die Sache unter uns Männern oder mit der Mama zusammen aus. Du gibst mir oder
uns Dein großes Indianerehrenwort, beim nächsten Mal
etwas besser aufzupassen und dann – Schwamm über die
Sache.**

**Daß diese Indianerehrenwörter nicht sehr langlebig sind,
das weiß ich von mir selbst. Nun ja, dann müssen wir die
Sache einfach wieder aufrollen.**

Und das, weswegen Du uns heute bewußt belogen hast, ist ein
Thema, das schon sehr oft aufgerollt worden ist. Nämlich zün-
deln oder kokeln … wie Deine Erna-Oma immer sagte.

Ich weiß ja aus eigener Erfahrung, wie faszinierend Feuer ist.
Die ganzen Wintermonate über gehören zu allen Mahlzeiten
obligatorisch mehrere Kerzen auf den Tisch … und Du darfst
sie anzünden. Ich glaube, die Kerzen sind dann viel wichtiger
als das Essen. Deine großen blauen Augen leuchten dann immer und wandern immer ganz begeistert von einer Flamme zur
anderen. Wenn wir dann im Kachelofen das Feuer vorbereiten,

da bist Du mit Begeisterung und einem ungeheuren Eifer dabei, weil Du weißt, Du darfst das Feuer dann auch entzünden. Dann sitzt Du lange Zeit davor und schaust den Flammen zu.

Aber an alle diese Dinge ist von uns eine unabdingbare Bedingung geknüpft: Zündhölzer und Feuerzeug dürfen nur benutzt werden, wenn Mama oder Papa dabei sind.

Aber heute hast Du unser Verbot glatt übertreten. Gott sei Dank, daß ich einmal nachgeschaut habe, was Du am Balkon so treibst. Ich traute meinen Augen kaum. Du hattest am Balkon auf Deinem kleinen Arbeitstisch mehrere Kerzen und Deine Laterne aufgebaut und alles leuchtete so schön.

Und direkt dahinter ist die Holzverschalung und daneben steht der Korb mit dem Abfallpapier und dem Brennholz. Ich war ganz erschrocken, blies sofort die Kerzen aus und fragte Dich, wer Dir erlaubt habe, die Zündhölzer zu gebrauchen, denn Du wüßtest ja, daß du das nicht darfst. Du schautest mich ganz groß an und sagtest, die Mama habe es erlaubt.

Ich fragte Dich noch einmal und Du sagtest: *»Ja, die Mama«.* Na, mein Lieber, das kam mir doch sehr spanisch vor. Auf meine Frage fiel Mama schier aus allen Wolken.

Dann, mein Lieber, habe ich Dich an den Ohren genommen, aber heute nicht zum Spaß. Du bist vor mir gestanden und hast mich mit Deinen großen ausdrucksvollen Augen ganz verlegen angeschaut. Denn Du wußtest, daß Du etwas Verbotenes getan und auch noch gelogen hast.

Ich habe Dir ganz unmißverständlich klargemacht, daß ich beides nicht mag, weder Verbotenes tun, noch Lügen. Mir wäre es lieber gewesen, Du hättest nicht gelogen; es hätte zwar eine Gardinenpredigt gegeben, aber ich hätte Dich mit Sicherheit auch so verstanden.

Nun, dazu gehört wohl viel Kraft, die ein Kind vielleicht noch nicht hat. Und ich meine, das wird sicher nicht die letzte kritische Situation sein. Aber ich glaube an Dich, wir schaffen das schon.

Aber heute, mein Lieber, geht es dafür einmal früher ins Bett. Immer nur Toleranz, das ist auch nicht gut ... ein bißchen überlegen sollst Du schon noch.

Dein Papa

19.
Ganz schön raffiniert

im März 1987

Lieber Marcus!

Du bist ein ganz raffinierter kleiner Kerl. Man sollte Dich wirklich nicht unterschätzen.

Du hast aus einer etwas verwickelten Geschichte, in der Du dringesteckt bist, mit untrüglicher Sicherheit den einzigen Schwachpunkt herausgefunden. Mit diesem bist Du zu mir gekommen und hast versucht, mich zum Schiedsrichter zu machen und mich so noch gegen Mama auszuspielen. Schlingel!

Gleich nach dem Abendbrot bist Du zu mir gekommen. Mama war gerade in der Küche. Du hast mir erzählt, Mama habe Dich heute verhauen. Nun, da ich ja unsere gutmütige Mama kenne, habe ich erst einmal erstaunt zurückgefragt: *»So, was hast Du denn angestellt?«*

Der Seppi sei dagewesen, hast du erzählt, und ihr hättet auf der Terrasse die Fackeln von gestern Abend brennen lassen. *»Aber Du darfst doch kein Feuer anzünden«*, unterbrach ich ihn umgehend. Das hättest Du ja auch nicht, meintest Du, Mama sei das gewesen. Auf die Frage, warum Dich Mama dann verhauen hätte, antwortetest Du: *»Na eben, weil ich mit dem Feuer gespielt habe«*.

Gut, sagte ich Dir, ich würde mal mit Mama reden, denn diese Geschichte schien mir reichlich undurchsichtig.

So ging ich zu Mama in die Küche und ließ mir den ganzen Hergang noch einmal schildern. Sie war ganz erstaunt, daß ich davon wußte. Sie dachte, diese Sache sei zwischen ihr und Marcus abgemacht und erledigt gewesen. Ich hingegen erzählte nun, daß sich Marcus indirekt bei mir über sie beschwert habe.

Also, die Sache war die: Als am Nachmittag der Seppi zum Spielen kam, habt ihr beide die Mama gebettelt, doch den Fackelrest von gestern Abend noch einmal anzuzünden. Gutmütigerweise hat sie das getan. Als das Feuer dann ihrer Meinung nach ausging, ist sie wieder ins Haus gegangen. Als sie etwas später nocheinmal nachschauen ging, hatten die zwei Zipfel von dem Rest Glut wieder ein zünftiges kleines Lagerfeuer entfacht. Sie war darüber so erschrocken, daß sie Dir eine Ohrfeige gab (eine Ohrfeige – und nicht »verhauen«!).

Sie hat aber dann, als der Seppi weg war, sich mit Dir noch einmal zusammengesetzt, sich bei Dir für die Ohrfeige entschuldigt, Dir aber andererseits klar die Gefahren aufgezeigt.

Nun, anscheinend sahst Du Deine Schuld noch nicht ganz ein, sonst hättest Du Dich nicht bei mir beschwert. Und Du argumentiertest auch kindlich gesehen geschickt, sehr geschickt sogar. Hätte nämlich die Mama die Fackel nicht angezündet, hättest Du nicht mit dem Feuer spielen können und so keine Ohrfeige kassiert. Bums! Schlaumeier!

Nein, mein Lieber, so dachte ich mir, jetzt müssen wir miteinander reden. So wie Du das siehst, so können wir das nicht stehenlassen.

Also haben wir uns zusammengesetzt, Du, Mama und ich. Wir haben das ganze Thema noch einmal besprochen. Wir haben ganz klar festgestellt, daß Mama wohl zu vertrauensselig zu Dir war. Ich wäre das mit Sicherheit nie gewesen, dazu kenne ich Deine Leidenschaft, mit Feuer zu spielen, viel zu gut. Du hast natürlich, als Mama Dir den Rücken kehrte, sofort die Situation beim Schopf gepackt und mit dem Feuer weitergespielt und ein schönes Lagerfeuer entzündet. Du Schlingel! (Übrigens: Ich hätte es bestimmt nicht anders getan. Nur ich hatte viel zu viel Angst vor meiner Mutter. Daß Du das gemacht hast, zeigt, daß Du genau abschätzen kannst, bei wem Du Dir was erlauben kannst. Na, das spricht für Dich – und die Mama.)

Mir hat dieses Gespräch zu dritt trotzdem gefallen. So sollte es auch sein. Wenn es Probleme gibt, dann auf den Tisch damit und wenn möglich darüber in Ruhe (und Sachlichkeit) reden.

Dabei bist Du für uns ein vollwertiger Gesprächspartner und wirst mit dem, was Du sagst, auch ernst genommen.

So ganz glücklich wart ihr beide nicht damit, Mama nicht und Du nicht, so hatte ich den Eindruck, aber es gab auch keinen Sieger und keinen Verlierer.

Trotzdem glaube ich, dieses Gespräch zu dritt hat uns allen gut getan und, ich hoffe, auch den Mut gegeben, solche Gespräche in offener Form jederzeit zu wiederholen.

Dein Papa

20.

Schwarze Eier

Lieber Marcus!

Mein armer Marcus. Heute war ich schuld daran, daß Du eine böse Stunde erlebt hast. Das tut mir wirklich leid, denn das wollte ich nicht. Ich habe mir auch nicht vorstellen können, daß Du in dieser Weise darauf reagieren würdest.

Es fing auch alles recht harmlos an. Ostern stand vor der Tür und von den letzten Jahren her kanntest Du immer einen sehr braven und fleißigen Osterhasen, das heißt, wir haben als Stellvertreter für den Osterhasen immer einige kleine Osternester im ganzen Haus versteckt. Du hast diese mit Begeisterung gesucht und Dich dann gefreut, wie sich eben nur ein Kind freuen kann.

Aber in diesem Jahr, so vor Ostern, hattest Du einen kleinen Teufel im Leib. So dachte ich mir, es müsse doch für den Osterhasen für weniger brave Kinder ein ähnliches Symbol zu finden sein, wie vom Nikolaus die Rute. Gott sei Dank hast Du nie kennengelernt, wenn eine Nikolausrute ihren sogenannten erzieherischen Zweck erfüllt.

Ich bekam in jedem Jahr auf's neue eine geschenkt und diese wurde von meiner Mutter auch kräftig gebraucht. Wo immer wieder über das Jahr verteilt die neuen Ruten herkamen, nachdem sie die alten auf mir zerdroschen hatte, blieb mir immer ein Rätsel.

Und darum hast Du auch nie eine solche Rute zu sehen, geschweige denn zu spüren bekommen. Aber nun sollte doch so eine kleine österliche Ermahnung her.

Ich hatte eine Idee. Ich erzählte Dir, daß der Osterhase weniger braven Kindern statt Süßigkeiten schwarze Eier bringe. Immer, wenn Dich Dein Teufelchen ritt, dann erzählte ich es Dir. Du hast mich dann mit Deinen großen, ausdrucksvollen, blauen Augen ziemlich zweifelnd angesehen, als wolltest Du sagen: *»Na, Papa, Du erzählst mir ja wieder schöne Geschichten.«*

Doch nun erst recht. Am Ostersamstag, als Du schon im Bett lagst, habe ich drei ausgeblasene Eier genommen und schwarz angemalt. Dann haben wir sie alle in ein Osternest gelegt und diese zusammen mit drei weiteren Nestern, in denen sich Süßigkeiten befanden, im Haus versteckt. Mama und ich, wir waren sehr auf Dein Gesicht gespannt.

Am Ostermorgen sind wir um drei Uhr aufgestanden, denn um vier Uhr beginnt die Auferstehungsmesse. Du hast Dich sofort erhoben, warst überhaupt nicht verschlafen und hast sofort das Suchen begonnen.

Die drei Nester mit den Süßigkeiten hast Du auch schnell gefunden und die Freude war groß. Dann hast Du im Schlafzimmer gesucht. Du hast das Nest mit den schwarzen Eiern unter dem Bett hervorgeholt, einen Blick daraufgeworfen und es sofort wieder zurückgeschoben. Dann bist Du aufgestanden, warst sichtlich durcheinander, sogar etwas weiß im Gesicht und hast uns erklärt, weiterzusuchen sei zwecklos, der Osterhase habe nichts weiter versteckt.

Nun, wir haben solange gedrängelt, bis Du noch einige Male gesucht hast. Ins Schlafzimmer allerdings wolltest Du nicht mehr gehen. Erst als wir gemeinsam dort noch einmal gesucht haben, hast Du dann zwangsweise das Nest mit den schwarzen Eiern hervorgeholt. Und plötzlich hast Du mir leid getan, denn ich bemerkte jetzt erst genau, was ich angerichtet hatte. Du warst ziemlich durcheinander, einsilbig und blaß.

Wir haben kein Wort dazu gesagt, denn wir sahen es Dir an der Nasenspitze an, daß Du wußtest, was die schwarzen Eier bedeuteten.

Aber daß Du seelisch so stark darauf reagierst, nein, das hätte ich nie für möglich gehalten. Da habe ich mich ein bißchen geschämt, denn die Freude am Osterfest wollte ich Dir auch nicht verderben.

So habe ich Dir beim Osterfrühstück nach der Auferstehungsmesse noch einmal erklärt, was sich wohl der Osterhase bei den schwarzen Eiern gedacht haben wird. Das hast Du dann auch akzeptiert und so wurde Ostern doch noch ein schönes Fest, trotz der schwarzen Eier.

Dein Papa

21.
Muttertag

Lieber Marcus!

Gestern, am Muttertag, hast Du uns eine große Freude bereitet. Du hast Dich rührend um Deine Mama bemüht.

Das ging schon die ganze Woche vorher so mit der Geheimnistuerei. Immer wieder bist Du zu mir gekommen und hast mir erzählt, was Du in der Schule schon alles zum Muttertag gebastelt hast. Das erzähltest Du mir leise ins Ohr und Du warst ganz aufgeregt dabei. Selbst wenn die Mama danebensaß und so ziemlich alles mitgehört hatte, auch das machte Dir nichts aus. Du hast ein Muttertagsgedicht gelernt. Du hast mich wieder einmal überrascht: Wie schnell Du dieses wirklich lange Gedicht doch auswendig gelernt hast und wie gut betont Du es vortragen konntest.

Dann kam Dir plötzlich noch eine Idee, die Du genial fandest. Du meintest – in Abwandlung zu Ostern –, Du müßtest nun auch alles verstecken und Mama sollte dann suchen. Na ja, dachte ich mir, das wird einen Spaß geben. Aber wie ich Mama kenne, spielt die bestimmt mit.

Als Du Freitag und Samstag bei den Großeltern warst, hast Du auch noch die Oma mobilisiert. Diese mußte Dir für die Mama noch eine Muttertagstorte backen. Nun, daß das auch noch ein Spaß für Dich war, beim Backen auf Deine Weise zu helfen, das kann ich mir lebhaft vorstellen … arme Oma! Als Dich der Opa am Samstagabend brachte, wurde die Torte schnell ins Haus geschmuggelt.

Dann kam der große Tag. Kaum, daß es hell war, hörte ich schon Deine kleinen, tapsigen, schnellen Schritte durch's Haus sausen ... natürlich wieder ohne Hausschuhe auf den kalten, glatten Fliesen.

Ich döste noch so schön im Bett, denn es war erst halb sechs Uhr früh und die Mama schlief noch fest.

Plötzlich kamst Du ins Schlafzimmer gerannt, hast Dich auf Mama gestürzt, diese fest gerüttelt und immer wieder gerufen: *»Alles Gute zum Muttertag, alles Gute zum Muttertag!«*

Dann hast Du die Mama, die noch ganz verschlafen war, aus dem Bett gezogen und sie ins Eßzimmer geschleift. Dort hattest Du auf dem Tisch alles sehr schön aufgebaut, die Torte, eine selbstgebastelte Laterne mit einem ganz lieben Bildchen auf Transparentpapier gemalt. Natürlich brannte in der Laterne die Kerze ... selbstverständlich! Dann war da noch eine herzallerliebste Karte, die du in der Schule geklebt und gemalt hast, und einige andere Kleinigkeiten aus Deiner Raritätensammlung, die jetzt Mama gehören sollten.

Die Mama und ich, wir haben uns beide sehr über Dich und über die Art und Weise gefreut, wie Du der Mama den Muttertag gestaltet hast.

Nun, so habe ich mir gedacht, jetzt zahlt sich unser Bemühen Dir gegenüber aus. Auch wir haben immer für Dich den Tisch schön gedeckt, Kerzen dazugestellt, gesungen und uns mit Dir gefreut. Jetzt gibst Du uns das zurück. Ich

bin darüber ganz stolz auf Dich, wie selbstverständlich Du schon handelst.

Mama hat dann sofort Kaffee bzw. Kaba gekocht und Marcus und ich, wir haben den Tisch gedeckt. Dann, um 6 Uhr, haben wir Kaffee getrunken und uns die Muttertagstorte schmecken lassen ... und noch dazu alles im Schlafanzug. Na, es war eben ein ganz besonderer Tag!

Dann, während des Essens fiel Dir plötzlich noch ein, daß Du der Mama ja noch gar nicht Dein Muttertagsgedicht aufgesagt hattest. Nun, das mußte auch noch nachgeholt werden.

Die Torte von Oma schmeckte Dir hervorragend, nur, bald bemerkten wir, daß besonders Deine Augen wieder einmal viel größer waren als Dein Hunger.

Danach haben wir noch unsere Muttertagsaktivitäten besprochen, d. h. Oma besuchen, zum Friedhof gehen usw.

Plötzlich fragtest Du mich: *»Du, Papa, wann ist eigentlich Vatertag?«* Ich sagte es Dir. Du hast kurz überlegt, meintest dann, ich solle weghören, bist auf Mama zugestürzt und schon ging die Flüsterei wieder los, was Du wohl so alles zum Vatertag basteln, bauen, malen, kleben usw. wirst.

Nun, Muttertag und Vatertag, das sind eben auch ganz besondere Tage für Dich. Ich glaube, Du würdest sogar einen Kindertag einführen. Aber den haben wir ja täglich, weißt Du das eigentlich?

Dein Papa

22.
Ein böses Erlebnis

3. Juni 1987

Lieber Marcus!

Heute hast Du wieder einmal eine neue Erfahrung machen müssen. Leider war diese für Dich ziemlich schlimm: Du bist von Deinem Banknachbarn, dem Seppi, verdroschen worden.

Das muß für Dich ein sehr böses Erlebnis gewesen sein, denn Du hast es mir gleich nach der Schule am Telefon erzählt. Du warst ziemlich durcheinander. Nun, kein Wunder. Das war schließlich auch das erste Mal.

Ich dachte so bei mir, mein lieber Marcus, wer kann eine solche Situation wohl besser verstehen als ich, denn ich habe als Kind – und mache es heute noch – solche Situationen, wo es um offene Aggression geht, immer gemieden, ich glaube, ich habe auch irgendwie Angst davor.

Jedoch, gerade weil ich Schlägerei und Aggression immer ausgewichen bin, gab es immer andere, die wohl meine Angst spürten und mich eben gerade deshalb verdroschen, weil ich mich in dieser Form nicht wehrte. So mußte ich als Kind manche Schläge von der Mutter oder anderen Kindern einstecken und stand dann heulend in irgendeiner Ecke, mit mir und meinem Seelenkummer alleingelassen. Meine Mutter und Dein Onkel Klaus halfen mir da nie. Sie nannten mich dann einen Feigling, weil ich mich kaum wehrte oder gar zurückschlug. Und um meine Angst noch

zu verstärken, schlug mich Mutter oft, bis ich mich dann über-
haupt nicht mehr getraute, mich zu wehren.

Irgendwie verspürte ich bei Deiner Erzählung das ungute Gefühl
in mir, daß es Dir unter Umständen einmal genauso wie mir da-
mals ergehen könnte, nämlich ständig auf der Flucht sein müs-
sen vor unberechenbaren und aggressiven Kindern.

Als Du dann abends im Bett lagst, habe ich mich wie immer zu
Dir gesetzt und wir alberten noch eine ganze Weile herum. Ich
habe Dich geschüttelt und gekitzelt, wir warfen mit Kissen und
Stofftieren, und dann bekamst Du von mir einen Patsch auf's
Hinterteil. Du hast mir daraufhin das Stichwort gegeben, als Du
sagtest: »*Als mich der Seppi gehauen hat, das tat mindestens*
dreimal so weh, Papa!«

Ich ließ mir daraufhin nochmals den gesamten Hergang dieser
leidlichen Geschichte von Dir erzählen: »*Ich habe nach dem*
Unterricht meinen Schulranzen aufgesetzt und bin zum
Klassenzimmer hinausgerannt. Dabei bin ich an den Seppi
gestoßen. Der war nicht darauf vorbereitet, ist hingefallen
und mit ihm die offene Milchtüte, die er in der Hand hielt.
Die Milch lief teilweise aus und Seppi mußte sie aufputzen.

Ich habe das wirklich nicht mit Absicht getan, ganz im
Gegenteil, ich war selbst ganz erschrocken, als der Seppi
plötzlich mit der Milchtüte zusammen auf der Erde lag.
Der Seppi hat mich dann ganz oft gehauen und es hat
furchtbar weh getan. Ich bin dagestanden, habe sehr ge-
weint und habe mich überhaupt nicht gewehrt«.

Ich muß ehrlich sagen, als ich nun Deine Erzählung so aus-
führlich hörte, habe ich tief in mich hineingeblickt. Wer kann

Dich besser verstehen als ich, der diese Situationen oft hat durchleben müssen. Hier kommt jetzt langsam zum Tragen, daß Du mit Kindern Deines Alters nie beisammen warst. Du hast eben nicht gelernt, Dich anderen gegenüber altersgerecht zu verhalten. Du hast nie gelernt, notfalls einmal ein paar Schläge einzustecken oder, wenn es notwendig ist, auch einmal auszuteilen.

Ja, ganz im Gegenteil. Wir waren immer sehr stolz auf Dich, wenn uns die Kindergartenschwestern erzählten, Du seist ein ausgesprochener Sozialtyp, der auf alle zugeht, der viel hilft, den alle mögen. Und genauso in diese Richtung war auch unsere Erziehung. Also sind auch wir, bin ich, jetzt an dieser Deiner negativen Erfahrung irgendwie mit schuld. Schuld? Du hast in unserer Familie nicht lernen müssen, Dich aggressiv zu wehren – und das fehlt Dir jetzt!

Seppi allerdings, der zeigte sich auch hier bei uns, wenn er zu Besuch war, als kleiner aggressiver Teufel; mit einem bemerkenswerten Eigenleben. Daß dem schnell der Gaul durchgeht, das glaube ich auf's Wort. Ich denke nur daran, wie aggressiv er sich oft hinstellt und seine Mutter anschreit, oder wie er sich schmollend in sich zurückzieht, wenn er nicht gleich seinen Kopf durchsetzen kann.

Aber wie man sieht, Seppi hat gelernt, sich aktiv zu wehren und durchzusetzen, sich zu behaupten, in seiner Art und Weise zugeschnitten auf seine Umgebung –, wenn nötig auch mit den Fäusten.

Du, mein lieber Marcus, hingegen hast bei uns gelernt, Dich intellektuell, verbal, mit Geist, Sprache und Gefühl auseinanderzusetzen und nicht mit der Faust. Gegensätzlicher als Seppi und Du kann man eigentlich gar nicht sein. Er, der robuste Choleriker und Du, der feingeistige, sensible Typ. Der eine Ying, der andere Yang.

Jedoch, wie kann man einem Kind das Jesu-Wort vom Hinhalten der zweiten Wange beibringen, wenn Wut, Ohnmacht und Enttäuschung in ihm sind ..., und ist das überhaupt richtig? Liegt nicht die sogenannte Wahrheit in der Mitte?

Nein, Du sollst nun nicht etwa scharf gemacht werden, aber ich werde nachholen müssen, Dir beizubringen, wie man situationsgerecht gegenreagiert. Selbstverständlich wäre auch eine Entschuldigung, ein »das tut mir leid, ich habe das nicht gewollt« an den Seppi notwendig gewesen. Aber vielleicht ist das in dieser Situation – in dem Schreckmoment viel zu viel verlangt. So verständlich die kindliche (Über)-Reaktion von Seppi und dessen momentaner Ärger auch gewesen sein mag, Du mußt lernen, daß man sich nicht alles gefallen lassen darf.

Manche Leute gebrauchen eben eine andere Sprache als Du, besonders wenn sie diese Sprache von daheim nicht kennengelernt haben ... auch das mußt Du noch lernen. *»Auf einen groben Klotz gehört auch ein grober Keil.«* Dieser Spruch stimmt heute noch.

Ich forderte Dich dann auf, einmal eine Faust zu machen. Ich sagte Dir, daß Du doch auch viel Kraft und schon ganz starke Muckis (Muskeln) hättest. »Oh«, sagtest Du, »*der Seppi hat viel stärkere Muckis.*« (Klar, der muß seiner Mutter auch immer in der Landwirtschaft mithelfen.) Ich merkte, daß Eure

Rangordnung auch hier schon hergestellt war und daß es hier einen Bereich gibt, in dem Du ein bißchen aufgebaut werden müßtest ... wenn das überhaupt noch möglich ist.

Das wird ein schwieriger Weg werden. Aber ich will es mit Dir zusammen versuchen, denn ich möchte möglichst verhindern, daß es Dir so ergeht, wie es mir als Kind immer ergangen ist.

Aber ob ich das wohl kann?   Dein wieder einmal
                                  rat- und hilfloser Papa

23.
Heilende Steine

Lieber Marcus!

Gestern war ich ganz verblüfft, ja eigentlich habe ich mich sehr gefreut. Du hast mir eine unerwartete Demonstration Deiner Sensibilität, oder besser Deiner Sensitivität, gegeben.

Das Ganze hat eine geradezu bemerkenswerte Geschichte:

Als Du vier oder fünf Jahre alt warst, sind wir mit Dir das erste Mal auf einer Mineralienbörse gewesen. Du konntest Dich an den vielen glitzernden Steinen gar nicht sattsehen. Wenn es irgendwie möglich war, nahmst Du jeden Stein in die Hand und wolltest ihn am liebsten nicht mehr hergeben.

Ich weiß nicht warum, aber Steine hatten für Dich schon immer eine besondere Faszination. Deshalb hattest Du auch schon sehr früh eine ziemlich große Kiste voll davon, solche, die wir Dir im Lauf der Zeit geschenkt haben und solche, die Du Dir selbst gesammelt hast.

Was Dich auf dieser Mineralienbörse besonders faszinierte, waren Versteinerungen. So kauften wir für Dich auch einige versteinerte Schnecken, Muscheln und Blätter. Daheim saßen wir dann mit den Bestimmungsbüchern und der Lupe. Wir suchten nach dem möglichen Alter der Versteinerungen und betrachteten sie unter dem Vergrößerungsglas.

Dabei zeigte ich Dir in Abbildungen die Welt von damals. Besonders faszinierend fandest Du die Welt der Saurier. Somit flossen die Welt der Saurier, die Welt der Steine und Versteinerungen für Dich zusammen und bekamen eine ganz besondere Bedeutung.

Im Lauf der Zeit wuchs Deine Steinesammlung, und Du konntest auch schon eine ganze Reihe von Steinen vom Namen her benennen. Da Du Steine liebtest, bekamen sie für Dich den Wert von Währung.

Wenn Du von der Schule eine gute Note heimgebracht hast, dann durftest Du Dir als Belohnung immer einen neuen oder anderen Stein aus der Kiste mit der Steinesammlung aussuchen, die ich extra für diesen Fall angeschafft hatte.

Gestern brachtest Du also in HSK eine »1« heim. Sofort hast Du mich gefragt, ob Du Dir dafür einen Stein aussuchen darfst. Ich habe Dir die Kiste mit den vielen glitzernden Steinen hingestellt. Du bist kurz mit der Hand darübergegangen, hast dann einen Stein herausgenommen und diesen fest in der Hand gehalten.

Ich hatte Dir beim Aussuchen genau zugesehen. Ich habe mich gewundert, warum Du mit der Hand suchend über die Steine gegangen bist.

Deshalb fragte ich Dich nun, nach welchen Kriterien Du Dir den Stein aussuchst, denn ich dachte immer, nach Form und Farbe. Aber Du sagtest mir: *»Ich nehme immer den, der am besten in der Hand kribbelt.«*

Da war ich platt. Das würde ja heißen – dachte ich mir –, daß Du mit Deinen 7 Jahren schon fähig bist, die Strahlung, die

Energie bzw. das Aurafeld des Steines abzutasten und daß Du fähig bist, dieses auch zu erspüren, also daß Du strahlenfühlig wie ein Rutengänger bist, der Wasseradern sucht.

Ich holte mein Pendel ... und es war so. Du hattest stimmig unter den vielen Steinen den ausgewählt, der im Moment von seiner Ausstrahlung, von seiner Energie, am besten zu Dir paßt.

Ich war plötzlich hellwach. Ich ließ Dich auch andere Steine, auch Bach-Blüten mit der Hand suchen. Mein Pendel bestätigte immer, daß Du genau den Stein, auch die Bach-Blüte mit der richtigen, momentan stärksten Schwingung herausgesucht hast ... und Du weißt noch nicht einmal, welche Gabe da in Dir wohnt.

Bei mir begann das alles sehr spät, so ca. mit 35 Jahren. Durch ein Erlebnis angeregt, bemerkte ich plötzlich, daß ich sehr sensitiv bin, d. h. die Arbeit mit der Rute, das Suchen von Wasseradern usw. und mit dem Pendel, war für mich geradezu ein Kinderspiel.

Was ich später dazulernen mußte, war, mit diesen Gaben richtig umzugehen ... und das dauerte lange.

Somit war ich Jahre später in der Lage, auch über diesen sensitiven, feinstofflichen Weg mir und anderen Menschen zu helfen.

Dein Griff zum richtigen heilenden Stein zeigt mir, daß Du besondere Anlagen mitbekommen hast, was mich für Dich sehr freut.

Daß hier noch eine andere Welt in Dir wohnt, die Du Dir erst noch öffnen mußt, die noch ausgebaut werden muß, das wirst

Du später selbst noch merken. Aber diesen anderen, diesen Weg nach innen zu gehen, das ist es wert.

Dein Papa

24.
Erinnerungen und Betrachtungen zum Thema Schule –

auch meine Gedanken über Deine erste Lehrerin – nach dem Ende Deines ersten Schuljahres

in den Sommerferien 1987

Lieber Marcus!

Daß Lehrer im Leben eines jeden Kindes und somit für das Leben des späteren erwachsenen Menschen eine wichtige, ja sogar oft stark prägende Rolle spielen, ist sicher unbestritten, so glaube ich, und ich spreche da auch aus eigener positiver und negativer Erfahrung.

Jeder braucht nur im Buch seines Lebens die Seiten seiner Schulzeit zu öffnen und er findet in der Regel alles: Lehrer, die man gern mochte und solche, die man nicht verputzen konnte.

So lernt man bei dem einen mit Begeisterung und Freude, und erhält dafür gute Noten, während die Ablehnung und/oder Angst (was schlußendlich beides das gleiche ist) gegenüber einem anderen Lehrer in Form von Mißmut, Widerwillen und schlechten schulischen Leistungen gezeigt wird.

Das Drama daran ist, daß es hier geradezu unsichtbar, auf der unbewußt – unterbewußten Ebene starke Wechselbeziehungen gibt. Auch Lehrer sind »nur Menschen« und lehnen Kinder aus vielen Gründen ab und strahlen dieses »*ich mag Dich nicht*«

117

rüber. Und viele Kinder, die sensibel sind, spüren das und reagieren natürlich darauf, mit Gegenablehnung und schlechten Leistungen, was als deren Folge wieder mit schlechten Noten quittiert wird. (Das ist wie ein unsichtbarer Teufelskreis, den eigentlich bewußt niemand will – und der trotzdem aktiv ist!)

Das Spektrum dessen, was alles noch dazwischenliegt, ist groß. Es schillert in allen Farbtönen, vom wärmsten Orange bis zum tiefsten Grau.

Später, älter und lebenserfahrener, bemerkt man dann allerdings oft, daß strenge Lehrer nicht immer schlechte Lehrer waren und gutmütige oft nicht unbedingt gute Lehrer waren.

Mein Maßstab für die Güte eines Lehrers war sicherlich kein anderer als der, den eigentlich jedes Kind an seine Lehrer stellt. Jedoch habe ich als Kind diesen Maßstab natürlich nie in Worte kleiden können. Mein Lehrertyp konnte launisch, streng, leistungsfordernd, pingelig usw. sein (ja, er durfte auch alle mehr oder weniger liebenswerten Schrullen an sich haben, wie wir Menschen sie nun einmal unser eigen nennen).

Das alles verzieh ich ihm gern, wenn, ja wenn er das mitbrachte, was für mich eigentlich jeder Lehrer als Berufung haben sollte: **Einfühlungsvermögen und Verständnis in die Bedürfnisse meiner kindlichen Seele! Hie und da ein aufmunterndes, motivierendes Wort, ein kleines Lob, ein freundlicher Blick ..., und die Fähigkeit, schwierigen und trockenen Lernstoff lebendig und bildhaft zu vermitteln.**

Aber leider ... diesen Lehrertyp habe ich persönlich viel zu selten kennengelernt, und wenn ich mich so umschaue und umhöre, dann befürchte ich, er ist heute auch noch zu selten.

Ich weiß, ich weiß: so mancher Lehrer, der das jetzt liest, wird nun mit starker Abwehrhaltung reagieren. Denn dieser Spiegel paßt vielen natürlich nicht. Aber, ob er nun paßt oder nicht, leider ist es häufig so sichtbar. Bei mir in den Psychotherapien reden Eltern insbesondere über die Schule und die Lehrer ihrer Kinder oft eine ganz andere Sprache als vor dem Lehrer ihres Kindes. Es geht ja um das Wohl des Kindes, da muß man sehr »leise treten«, damit das Kind von diesem Gespräch am Ende keinen Schaden hat.

Ich kenne aber auch Lehrer, sogar in meinem Bekanntenkreis, die liebenswerte, einfühlsame Lehrer aus Berufung, also geradezu Idealisten sind. Sie sind geliebt und beliebt bei den Kindern und Eltern ihrer zu betreuenden Klassen (wie z. B. der Lehrer von Marcus in der 3. und 4. Klasse, bei dem der Marcus nach der Lehrerin der 2. Klasse so richtig auflebte und wieder täglich mit Begeisterung in die Schule ging). Aber leider, von diesen wertvollen Menschen höre ich viel zu selten. Was aber nicht heißen soll, daß es sie nicht gibt.

Ich wünschte mir weniger den Kenntnisvermittler als vielmehr den Lehrer aus Berufung, d. h. den Lehrer mit Herz, an unseren Schulen. Eben den, der bei allem die kindliche Seele mit einbezieht und für den der Lehrplan nicht allein das Maß aller Dinge ist.

Mit diesen Erfahrungen aus eigener Kindheit und aus eigener Lehrtätigkeit im Rücken war ich natürlich auf die Lehrkraft gespannt, die Du, lieber Marcus, einmal bekommen solltest.

Denn wie wichtig, wie prägend, wie entscheidend ist doch

gerade die erste Lehrkraft für ein Kind, welches mit dieser Institution Schule beginnt.

Ich hörte das erste Mal von Deiner künftigen Lehrerin ganz unerwartet, zufällig, denn wir waren erst neu in diesem Ort zugezogen.

Ich stand damals vor dem Kindergarten und wollte Dich abholen. Neben mir standen Mütter, die sich anscheinend gut kannten. Sie debattierten aufgeregt. Man fragte mich: *»Kommt Dein Sohn auch zur Lehrerin X?«* Ich zog die Schultern hoch, denn ich wußte es nicht, weil wir ja neu in diesem Ort waren.

Was ich dann alles zu hören bekam, machte mich sehr nachdenklich. Relativ jung soll sie noch sein, noch dazu ohne Familie und selbst kinderlos, also ohne eigene Kinder- und Familienerfahrung. Und das im 1. Schuljahr! Eine Lehrerin, die selbst keinerlei Erfahrungen mit eigenen Kindern hat.

Einen Übergang vom Kindergarten in die Schule, sozusagen eine Einführungszeit, gebe es bei dieser Lehrkraft nicht. Sie begänne sofort vom ersten Tag an voll mit dem Unterricht und es gäbe auch sofort Hausaufgaben, auch an den Wochenenden.

Sehr streng solle sie sein, erzählten die anderen Mütter, und sehr stark Leistung fordernd. Es habe sogar schon Kinder gegeben, die mit nassen Hosen heimgekommen seien, weil sie sich nicht getraut hätten, zu fragen, ob sie im Unterricht zur Toilette gehen dürften, so wurde erzählt.

Lernen, das wurde ihr von allen Seiten bestätigt, lernen würden die Kinder bei ihr sehr, sehr viel.

Aber vorsichtig müsse man mit ihr sein. Sie vertrage keinerlei Kritik, sie sei sehr empfindlich.

Wenn ihr etwas nicht paßt, dann rufe sie abends nach 21.30 Uhr immer die Eltern an, was einige Mütter mit Unmut quittierten. Aber da müsse man eben stillhalten, so wurde gesagt. Es gehe ja um das Wohl des Kindes.

Nun, ich wollte mir meine eigene Meinung bilden. Ich wollte diese Lehrkraft erst einmal persönlich kennenlernen. Aber eines machte mich nachdenklich ... von nichts kommt nichts. Die anderen Mütter reden bestimmt nicht nur so herum, denn sie hatten schon Kinder in der Klasse dieser Lehrerin.

Zur Elternversammlung lernte ich dann Deine spätere Lehrerin kennen. Sie wirkte auf mich, ich würde sagen, Typ »reservierte Freundlichkeit« – und sehr sachlich. Für meine Empfindungen strahlte sie zu wenig.

Mir persönlich fehlte Wärme ... das Entscheidendste überhaupt, was nach meinem Empfinden eine Lehrkraft auszeichnen sollte. Aber meine Empfindungen sind eigentlich nicht wichtig. (Daß diese mich allerdings nicht betrogen haben, zeigten später die Erlebnisse Deines ersten Schuljahres, die hier u. a. festgehalten sind.)

Du, lieber Marcus, Du, nur Du, wirst vielleicht Erinnerungen an deine erste Lehrerin haben. Ob diese Erinnerungen für Dich später gut oder weniger gut sein werden, das wird sich erst im Laufe der Jahre herausstellen. Nämlich dann, wenn Du eigene Erfahrungen mit anderen Lehrern und in anderen Klassen gemacht hast und vergleichen gelernt hast.

Ich persönlich allerdings wünschte Dir nach diesem 1. Schuljahr Lehrer, die nicht Disziplin unbedingt durch Strafen beibringen. Ich wünschte Dir Lehrer, die nicht Kinder dazu benut-
zen, sich gegenseitig anzuschwärzen.

Ich wünschte mir grundsätzlich Lehrer, die verstehen, daß
in einer Klasse nicht 22 Schüler, sondern 22 völlig verschiedene Kinder mit verschiedenem Elternhaus, verschiedenen Erziehungen und Prägungen, mit verschiedenen Temperamen-
ten, mit verschiedenen Erwartungen und mit verschiedenen
Charakteren und ... ganz wichtig: mit verschiedenen Angst-
strukturen und verschiedenen Reaktionen darauf sitzen –
auf deren Verschiedenheit es eben achtsam Rücksicht zu nehmen gilt. Aber vielleicht sind meine Wünsche zu hoch ge-
griffen.

Die Zeit der Gleichschaltung einer Klasse durch Strenge und
Strafen sollte eigentlich heute einer anderen Zeit angehören.
Das Eingehen auf die Verschiedenheiten, auf die Individualität
des einzelnen Kindes, sollte eigentlich im Vordergrund stehen.
Das ist dann auch der Schlüssel zur Motivation des einzelnen
Kindes, wo jedes Kind sich angenommen und wertvoll fühlt, so
sagt es auch Deine Tante Emanuela, und so denke ich es mir
aus meiner psychologischen Sicht und aus meinem humani-
tären Verständnis.

**Ich wünschte mir für Deine Seele Lehrer, die neben der
Leistungsforderung Liebe, Güte, Wärme und Einfühlungsvermögen in die kindliche Seele zeigen.**

Ich hoffe, es wird Dir später einmal gelingen, solche Lehrer oder eine solche Lehrerin zu bekommen, damit Du verstehst, was ich meine. Ich wünschte mir für Dich ganz viele davon ...

Dein heute sehr nachdenklicher Papa
am Ende Deines 1. Schuljahres

Teil 2

Von Papa:

– *seiner Kindheit*
– *seiner Welt*
– *seinen Gedanken*
– *seinen Gefühlen*

Es ist im Leben nie zu spät,
noch einmal – oder endlich –
eine glückliche Kindheit zu haben
(bzw. diese nachzuholen).

1953

Unsere Wurzeln sind unser Elternhaus

Gedanken zum 2. Teil

Lieber Marcus,

eines Tages werden vielleicht Dinge in Deinem Leben gesche-
hen oder sich ereignen, die Dich zum Nachdenken bringen ...,
ich hoffe, zum Nachdenken über Dich selbst.

Nachdenken ist ja so selbstverständlich, daß wir meist **bewußt**
überhaupt nicht nachdenken, denn unsere »grauen Männchen«
in unserem Kopf arbeiten präzise. Schule, Straßenverkehr,
Arbeitswelt und das normale Leben ... da liegen die Lösungen
einfach auf der Hand, das funktioniert alles »so schön automatisch«. Ich nenne diesen Teil des Lebens einmal Leben im
»außen«!

Aber eines Tages wird es vielleicht auch in Deinem Leben
Schwierigkeiten oder Probleme geben, z. B. mit uns, Deinen
Eltern, später dann mit Kollegen, Vorgesetzten oder mit der
Partnerin bzw. mit Deinen eigenen Kindern.

Dann lieber Marcus, erst dann kommt »die Stunde der Wahrheit«, wie man so schön sagt. Das Problem ist nämlich: Die meisten Menschen suchen dann für alles, was im Leben passiert,
was ihnen nicht paßt, sie ärgert usw., Schuld bei anderen – also
wieder im »außen«.

**Dir möchte ich nachfolgend zeigen, daß es unbedingt wich-
tig ist, bei Dir selbst zu beginnen. Ich möchte Dich ermu-
tigen, bei Dir selbst zu suchen, also in Deinem eigenen**

Inneren, in der Welt Deiner Gedanken, aber insbesondere in Der Welt Deiner Gefühle, die für uns Menschen oft so schwer zum »Greifen« oder zu verstehen sind.

Seitdem ich nämlich in meine »Tiefe« und hinter so manche »Kulisse des Lebens« schauen gelernt habe (also nach »innen«), hat sich mir eine völlig neue Welt geöffnet: die Welt der Seele, die Welt unseres Unterbewußtseins. Hier ist der Sitz des Wirrwarrs, des Dschungels unserer Gefühle. Hier sind die Unsummen an Prägungen, Erziehungs-, Erfahrungs- und Angstmuster unsichtbar verankert. Aber von hier werden wir Menschen dominant gesteuert.

Keine Lektüre ist für mich so interessant und so spannend, wie das immer deutlichere Erfahren und Erfassen der seelischen »Muster« von uns Menschen. Erst dadurch wurde ich mir selbst im Lauf der Zeit immer stärker, in meinem Denken, Fühlen und Handeln wirklich verstehbar. Heute bezeichne ich den Zustand, in dem ich vorher gelebt habe, als einen menschlichen Roboter, der funktioniert hat – so vor sich hin, ohne sein »Steuerprogramm« zu kennen.

Ich weiß nicht, Marcus, welchen Beruf Du einmal später ergreifen wirst. Handwerker oder Professor (symbolisch gesprochen) … das Band ist weit. Ich wünsche mir, Du sollst eines werden: ein glücklicher Mensch.

Aber eines wünschte ich mir jetzt schon von Dir: daß auch Du es einmal lernst, tief in Deine Seele und später in die Seele Deiner zukünftigen Frau und Deiner Kinder zu schauen, Eure Gefühle deutlich wahrzunehmen, diese zu verstehen und auch in Sprache auszudrücken und entsprechend zu handeln.

Ich wünschte mir auch, daß Du, wenn die Zeit reif ist (insbesondere in Beziehungen) das »Außen« zeitweise verläßt und daß Du die vielen unsichtbaren Muster des Lebens sehen und verstehen lernst. Ich weiß von mir selbst, dieses Sehen, Verstehen und Wissen stellt eine ungeheure Bereicherung für jeden Menschen dar.

Aber um sich selbst zu erkennen und sich selbst zu verstehen, nämlich sein Handeln, seine Gedanken, seine Gefühle, muß man erst das Leben seiner Eltern und evtl. seiner Großeltern sehr genau betrachten – so wie ich es auch getan habe –, denn sie haben Dich erzogen und geprägt, d. h., alle ihre Muster, Mahnungen, Warnungen, Hinweise, Tips, Ge- und Verbote usw. sind in Dir verankert, allerdings unsichtbar ... und steuern Dich, so wie mich all die Dinge auch aus meiner Kindheit steuern.

Das ist genau so zu verstehen, wie wenn Du am Computer eine leere Diskette (KIND) formatierst und wieder und wieder Daten und Programme programmierst (ELTERNROLLE). Sie kann beim Abrufen der Programme auch nur das wiedergeben, was Du ihr eingespeichert hast.

Um Dir auf dem Weg, Dich selbst besser kennenzulernen, zu helfen, möchte ich auf diesem Wege auch meine eigene Kindheitsgeschichte im Spannungsfeld zwischen meiner kindlichen Seele, meinem sog. »Elternhaus« und der Schule, so wie ich sie damals erlebt habe, lebendig werden lassen.

Ich möchte Dir dazu auch meine Gedanken und Gefühle aufzeigen, damit Du später einmal Dich selbst besser verstehst und die Anteile, die Du von mir bekommen bzw. übernommen hast.

Dein Papa

P.S.: Meine Biographie kann aber auch anderen helfen, besser eine kindliche Seele und Teile des Lebens an sich zu verstehen, wenn sie sich darin wiedererkennen oder sich dazu Gedanken machen.

1.

Papa sein?

Dafür bin ich doch nicht geschaffen!

Als ich damals mit 34 Jahren hörte, daß auch ich nun bald Papa werden sollte, traf mich fast der Schlag!

Ja, wenn ich noch 18 oder 20 wäre, aber mit fast 35 ...? Und überhaupt: Wie kommt meine Frau auch jetzt noch dazu, schwanger zu werden, nachdem es immer hieß, sie bekäme sowieso keine Kinder?

... und nun sollte in ca. einem halben Jahr so ein kleines Menschenwesen bei uns einziehen. Ich sollte damit automatisch kraft Gesetzes Vater und Erziehungsberechtigter werden. Ich sollte dann auch noch Verantwortung für ein – nein pardon: MEIN Kind übernehmen.

Ich sah mich plötzlich, wie in amerikanischen Filmkomödien, mit einer Schürze umwickelt Brei kochen, mein Kind füttern, wickeln, ja sogar noch Windeln waschen. Ich sah mich mit ihm Bauklötzchen bauen, Märchen lesen, singen, Puppen oder Eisenbahnspielen ... und mir war klar: **dazu bist Du alter Knabe nicht geschaffen. Du nicht! Punctum!**

Ich hatte plötzlich so ein komisches Gefühl im Bauch, das alles nicht zu können. Papa sein, Familie haben und ernähren, Kinder erziehen?! Außerdem: Was hatte ich, was konnte ich meinem Kind denn bieten? Ich wußte ja noch nicht einmal, wie man überhaupt mit einem Kind umgeht.

Mir wurde durch sein Kommen plötzlich klar: Ich hatte bis dahin noch nie über mich selbst nachgedacht (wer ich bin, was ich bin, warum ich bin usw.). Ja, was konnte ich denn da überhaupt an mein zukünftiges Kind weitergeben?

Als ich dann beim Gynäkologen meiner Frau auch all diese Bedenken äußerte, sagte dieser in seiner liebenswürdigsten oberbayerischen Art zu mir: *»Geh, wos redsd' denn für a'n Schmarrn daher? Du bist ma mit Deine 35 Johr ois Voda mit deim Oarsch liaba, ois so a Junga mit'm Gsicht!«*

So, dachte ich mir, so so ... und ich hatte viel zum Nachdenken.

Heute weiß ich: Es gibt im Leben keine Zufälle. Was ich damals noch nicht wußte, war: Dein beginnendes Leben war der Auslöser dafür, daß in meinem Leben ein völlig neuer Weg begann, **nämlich der Weg zu mir selbst.**

Als mir nämlich das Schicksal auferlegte, nun Papa zu werden, habe ich gerade durch diesen Weg im Lauf der Zeit gelernt, das Leben, seine Inhalte und unsichtbaren Gesetze deutlicher wahrzunehmen, es besser zu verstehen und insgesamt einfühlsamer und sensibler für mich und meine Umwelt zu werden.

2.

Krankheit bestimmte 40 Jahre meines Leben

Damals mit 34, so stelle ich mir heute vor, da war ich für die Inhalte des, aber insbesondere meines Lebens wahrscheinlich noch ziemlich »grün hinter den Ohren«. Da wuchs wohl gerade die Erkenntnis in mir, daß das Leben noch andere Inhalte hat als Geldverdienen, Lesen, Berggehen, eventuell einmal im Jahr verreisen ... und ständig diese schlimmen Schmerzen.

Was seit ca. meinem 15. Lebensjahr mein Leben dominant bestimmte, also schon seit 20 Jahren mich sehr beschäftigte und stark belastete, waren diese ständig schrecklichen Schmerzen im ganzen Körper, besonders im Rücken, bei Tag, aber insbesondere in der Nacht und zusätzlich Beschwerden im Herzen. Auf der Suche nach Hilfe war ich ständig unterwegs zu Ärzten, oft an jedem Tag der Woche bei irgendeinem anderen Facharzt.

Ich konnte wegen dieser andauernden schlimmen Schmerzen weder richtig sitzen, noch stehen, noch liegen, ja, ich igelte mich geradezu ein und war oft geradezu depressiv. Wie sollte ich da mit meinem zukünftigen Kind denn überhaupt spielen können, fragte ich mich.

Ich nahm täglich viele Tabletten und bekam viele Spritzen, um überhaupt einigermaßen mit diesen Schmerzen leben zu können. Daß ich diese Krankheitsanlage nun als Erbe auch an mein Kind weitergegeben haben sollte, dieser Gedanke bereitete mir schweres Unbehagen.

Was mir dabei zusätzlich schlimme Angst machte, war: Auch all die Ärzte wußten über 20 Jahre lang nicht, was mir wirklich fehlte (Diagnose mit 38 Jahren: Morbus Bechterew).

3.
Ich kam mir als zukünftiger Papa ziemlich hilflos vor

Als Du Dich dann mit wachsendem »Bauch« Deiner zukünftigen Mama immer deutlicher angekündigt hast, begannen all die typischen Vorbereitungen: Fläschchen, Kinderkleidung, Kinderbett kaufen, Zimmer herrichten usw.

Direkt nach Deiner (Kaiserschnitt)-Geburt hatte ich Dich dann in meinem Arm. Du sahst noch ganz zerknittert aus und blinzeltest mich schläfrig an. Ich zählte erst einmal Deine winzigen Fingerchen, ob auch wirklich alle da sind … und ich kam mir ziemlich hilflos vor, obwohl ich mich auf der anderen Seite auf Dich freute. Das war für mich so ein fremdes – neues Gefühl …
»Das ist jetzt mein Kind! Du bist nun Papa!«

Wegen einer hochakuten Thrombose in beiden Beinen bekam die Mama nach der Geburt sofort Blutverdünnungsmittel. Gleichzeitig wurde ihr die einschießende Milch »weggespritzt« – so daß sie Dich nicht stillen konnte. Die Folge war: du bekamst einige Wochen später – wegen der künstlichen Säuglingsnahrung – schwere Darmkoliken, Mittelohrentzündungen und Neurodermitis. Krankheiten, die über gut zehn Jahre Deines Lebens Dich und uns sehr belastet haben.
Der Oberarzt der Klinik kam nach der Geburt zu mir und sagte: *»Wir haben das Kind geholt, es ist gesund. Nun müssen wir schauen, daß uns Ihre Frau nicht unter den Händen wegstirbt.«* Das nenne ich ehrliche ärztliche Holzhammerdiplomatie.

Danach hatte ich furchtbare Angst, daß das auch eintreten könnte, solange, bis es der Mama dann besser ging. Nach zwei Wochen zogst Du dann in unser Haus ein. Ich sehe Dich heute noch in Deiner Wiege am Fenster liegend.

Da die Mama auch ein sehr ruhiges Wesen hat, zeigte sich diese Ruhe auch in Dir. Du hast sehr wenig geschrien, warst immer ausgeglichen und freundlich.

Immer wenn ich Dir dann Dein Fläschchen gab, Dich wickelte oder einfach nur an Deiner Wiege saß, Dich schaukelte und mit Dir spielte, fragte ich mich, was ich Dir denn als Vater eigentlich für Dein Leben geben könne.

Da bemerkte ich, daß ich Dir nichts anderes geben kann, als die Erlebnisse und Erfahrungen aus meinem eigenen Leben und aus meiner eigenen Kindheit. Aber die, gerade die, sind für Dich bestimmt alles andere als hilfreich, dachte ich oft. Nichts, aber auch gar nichts von alledem, was ich erleben mußte, wollte ich meinem Kind geben oder auch erleben lassen.

Denn meine Kindheit war für mich schlimm, sehr schlimm sogar. Ich, so glaube ich, fragte mich damals an Deiner Wiege sitzend das erste Mal, welche bisher fast unsichtbare Hypothek ich da eigentlich mit mir herumtrage.

Nur: Um mich und meine Kindheit zu verstehen, auch meine Denk-, Wandlungs- und Empfindungsmuster, und das, was ich an Dich weitergegeben habe, muß auch ich zurückschauen und insbesondere das Leben meiner Mutter betrachten. Denn sie hat primär wieder mein Leben geprägt. Sie ... und die anderen.

4.
Meine Mutter:
Arbeit und Ängste bestimmten ihr Leben

Meine Mutter (Deine Oma), geb. 1908, war eine »Stier«-Frau und sehr erdig. Ein Dach über dem Kopf, wenn möglich etwas (Gutes) zu essen, Pflichterfüllung im Leben, das waren ihre Lebensgrundsätze. Aber endlich einmal soviel Geld haben, um richtig satt zu sein und zufrieden leben zu können, das war ihr ewiger Traum.

Sie ist in meinen Kindheitserinnerungen mit Schimpfen und Schlagen mir gegenüber nicht gerade sehr zimperlich gewesen. Ich stelle mir vor: ebenso streng ist sie sicher von ihren Eltern in deren Generation um die Jahrhundertwende 1900 erzogen worden, und so erzog sie uns zwei Buben eben weiter.

Rute, Rohrstock, Handfeger, nasse Wischlumpen und Kochkellen waren mir gegenüber immer schnell bereit zum Einsatz. Sie war sehr aufbrausend, eine Cholerikerin. Sie forderte von sich selbst und von uns Kindern Pflicht, Ordnung und Leistung.

Aber das Schlimmste für mich war, ich hatte immer das Gefühl, ihr nichts rechtmachen zu können. Sie war in ihren Stimmungsschwankungen für mich völlig unberechenbar und deshalb sehr angstauslösend.

Heute weiß ich:

So zu sein, das war ihr Ausdruck von Angst vor dem Leben. Diese durchlebte sie oft in Form von Hilflosigkeit und Ver-

zweiflung, und in der Folge davon in Aggression, denn sie mußte in dieser hungergeplagten Nachkriegszeit mit uns zwei Kindern allein, ohne Mann und Vater, fertigwerden.

5.
Gott, wo warst Du?
Kriege und schreckliche Bombennächte

Meine Mutter hat zwei Weltkriege miterlebt und den teilweisen Untergang ihrer eigenen Familie, ihrer elterlichen Familie und von Familien ihrer Freunde. Sie gehörte auch der Generation der Trümmerfrauen an, die in den zerbombten deutschen Großstädten Aufräumarbeit leisteten, weil es nach dem Krieg dafür kaum noch Männer gab.

Fünf Monate ihrer Schwangerschaft (ab Januar 1945) – und damit meines beginnenden Lebens – verbrachte sie mit schlimmsten Ängsten in Luftschutzkellern oder Luftschutzbunkern. Es war die Endphase des Krieges, wo auf der einen Seite Hunderte von amerikanischen Bombern und auf der anderen Seite Tausende von russischen Geschützen meine Geburtsstadt Berlin täglich mit unzähligen Bomben und Granaten immer mehr in Schutt und Asche legten.

Meine Mutter hat in den letzten Jahren ihres Lebens, insbesondere vor ihrem Tod, in den Erinnerungen ihrer schrecklichen Vergangenheit gelebt. Sie hat ständig von den Wirrnissen und Schrecken dieser Kriegserlebnisse und Bombennächte erzählt. Diese schlimmen Erlebnisse haben tiefe Ängste in ihr hinterlassen. Sie klagte dafür immer wieder die »Oberen« an, die diese Kriege ausgelöst und damit ANGST, SCHRECKEN, HUNGER und TOD hervorgerufen haben.

Sie fragte als alte Frau oft nach der Verantwortung für ihr verlorengegangenes Hab und Gut, ... und sie fragte nach

der Verantwortung für ihre toten Brüder und Familien-
mitglieder.

... und sie fragte immer wieder:

»Gott, wo warst Du?
Gott, warum hast Du das zugelassen?«

6.
In der Schwangerschaft:
oft von Soldaten vergewaltigt

Nachdem am 8. Mai 1945 (Kriegsende) die Luftschutzsirenen endlich schwiegen, wurde sie, mit mir schwanger, im 5., 6., 7. Monat wiederholt von russischen Soldaten vergewaltigt (so erzählte sie mir vor ihrem Tod öfter unter vielen Tränen) – und ich war dabei! Diese Erlebnisse hat sie bis dahin stumm und verbissen für sich allein getragen – und so viele andere Frauen auch.

Ich habe also zu Beginn meines Lebens all diese scheußlichen Dinge noch in ihrem »Bauch« miterlebt. Mutter hat mir, ganz bestimmt ohne es zu wollen und zu wissen, ihre erlebten bewußten und unbewußten Ängste übertragen, die dann über Jahrzehnte zum unbewußten Fundament meines eigenen Lebens geworden sind.

Ich stelle mir auch vor: sie konnte sich in dieser Zeit, unter all diesen schlimmen Umständen, ganz bestimmt nicht darauf freuen, daß ich »unterwegs« war.

Ich war noch dazu ein »Ausländerkind«. Mein Vater war Italiener. Er war Dolmetscher in der damaligen Armee. Und in irgendeiner liebesbedürftigen Phase meiner Mutter entstand ich wohl – und um die Schande für sie und für mich nach damaliger Denkweise vollzumachen, auch noch unehelich! Ich wurde dafür später von der ganzen Familie und von Mutter abgelehnt und wie das berühmte fünfte Rad am Wagen behandelt.

Ich höre heute noch die Großmutter zu meiner Mutter sagen: *»Da kommt die wieder mit ihrem Ausländerjungen«* ... und ich schämte mich immer dafür, ein Ausländerjunge zu sein, noch dazu mit diesem verräterischen Vornamen.

Ausländer – dieses Wort hat sich als Ablehnung und Schimpfwort tief in mir eingebrannt ... und ich haßte meinen Vornamen.

7.
Meine Kindheit:
Krankheit, Ängste und Pflicht

Ich wurde dann im Oktober 1945 in Berlin-Kreuzberg geboren.

Mit knapp zwei Jahren kam ich wegen akuter Unterernährung und beidseitiger offener Lungentuberkulose für weitere zwei Jahre in ein Sanatorium auf eine Isolierstation. (Die Diagnose »Tuberkulose und unterernährt« war damals für ein kleines Kind eigentlich ein klares Todesurteil.) Meine Mütter waren in diesem Sanatorium Klosterschwestern, meine Väter sicher Ärzte … und ich habe es überlebt!

Das auch deshalb, weil ich in Berlin-Lichtenrade in ein amerikanisches Kinderkrankenhaus kam. Da gab es amerikanische Medikamente – und Penicillin –, das mir sicher damals das Leben gerettet hat. Später erfuhr ich, daß im russischen Sektor der Stadt die Menschen an Tbc starben wie die Fliegen, denn da gab es diese Medikamente nicht. Und Menschen: was waren die damals angesichts von 55 Millionen Toten schon wert?

Als ich zwei Jahre später aus dem Isolierkrankenhaus »heim«-durfte, holte mich eine Frau ab, die mir völlig fremd war, zu der ich nun »Mutti« sagen sollte.

Dieser Bruch zwischen meiner Mutter und mir, in dieser so wichtigen frühkindlichen Entwicklungsphase, ist auch später irgendwie immer geblieben. Selbst als sie im Alter, nach einem schweren Schlaganfall mit Lähmung, von uns acht Jahre lang bis zu ihrem Tod in unserem Haus gepflegt wurde, haben wir (heute möchte ich sagen: leider) nicht den richtigen Draht zueinander gefunden.

Nachdem Mutter mich vom Krankenhaus abgeholt hatte, brachte sie mich dahin, wo wir nun die nächsten zwölf Jahre wohnten: in eine kleine, feuchte und kalte Wohnung in einem Kreuzberger Hinterhaus im 4. Stock mit Plumpsklosett für vier Mietparteien am Flur.

Mutter hatte dort zusätzlich zu ihrer Arbeit, um Miete zu sparen, eine Hauswartstelle von zwei großen Häusern mit riesigen Hinterhöfen, Kellern, Dachböden und Gehsteigen angenommen, die sie verbissen ernst nahm. Ich mußte ihr abends, nach ihrer Arbeit oder an den Wochenenden immer beim Treppenputzen und -wischen, Wassereimerschleppen, Hofkehren, Schneeschaufeln usw. helfen.

Ob ich das wollte, war Mutter egal. Ich mußte einfach »und basta!« – wie sie zu sagen pflegte.

8.
Schlüsselkind:
einsam und sehr arm

Ich war in diesem zerbombten Nachkriegsberlin ein Schlüsselkind, und von früh bis abends mir selbst überlassen, einsam
und allein. Ich weiß noch, ich hatte immer Angst, allein in der
Wohnung zu sein.

So lebte ich deshalb intensiv in meiner inneren Welt, in einer
Welt der Märchen, Sagen, Rittergeschichten usw., in die ich
mich völlig zurückziehen konnte. Darin war es mir wenigstens
einmal möglich, Hauptperson zu sein, aber auch gleichzeitig
vor dieser »äußeren« Welt zu entfliehen.

Auch einen Vater, oder noch besser: einen Papa, wie die anderen, hatte ich nicht. Er hat Mutter verlassen, kaum daß ich auf
der Welt war. Heute weiß ich, es war eine kurzzeitige Liebes
beziehung, wo zwei Menschen eben aufgrund der Umstände
Nähe gesucht haben, nicht mehr.

Wir waren arm, sehr arm sogar. Mutter mußte deshalb täglich
als Friedhofsgärtnerin 10 – 12 Stunden schwer und für meine
Bedürfnisse immer viel zu lange arbeiten.

Wenn Mutter jeden Freitag mit der Lohntüte heimkam (früher
gab es jeden Freitag den Wochenlohn in einer Tüte), ging sie
als erstes zum Kaufmann (heute würde man sagen Tante-
Emma-Laden, denn Supermärkte gab es da noch nicht), um
unsere Schulden der vergangenen Woche zu bezahlen, um da-

nach durch Einkaufen von Lebensmitteln sofort wieder neue Schulden für uns zu machen.

Zu wenig Geld, zu wenig zu essen, das Geld für die Miete, das waren ihre ständigen Sorgen.

Oft saßen wir, wenn es auf das Ende des Monats zuging, am kleinen Tisch in der Küche. Mutter zählte dann alle noch vorhandenen Markstücke, Fünfzig-, Zehn- und Einpfennigstücke und überlegte, was wir bis zum Monatsende davon an Essen kaufen und satt werden könnten. Meist hat es gerade für Kartoffel- oder Kohlsuppe gereicht.

Da ich für die vielen alten Leute im Haus oft einkaufen ging, Besorgungen erledigte, Holz und Briketts vom Händler nach Hause oder aus dem Keller schleppte, bekam ich hin und wieder zwei, fünf oder, wenn es hochkam, zehn Pfennig dafür, was ich eisern sparte.

Aber fast jedes Monatsende plünderte Mutter auch meine ersparten Pfennige, damit wir überhaupt etwas zu essen hatten. Ich sehe sie heute noch, wenn sie verzweifelt am Küchentisch saß und weinte, weil es wieder einmal hinten und vorn nicht reichte. Sie schimpfte dann viel auf meinen Vater, daß der sie hat sitzen lassen, denn sie meinte, wäre er da, ginge es allen besser. So war er immer der Sündenbock – und ich fühlte mich so schuldig – weil ich da war.

9.

Schläge und Demütigungen:

Keine Spielplätze und zerbombte Häuser

Meine Spielplätze waren in dieser Zeit zerbombte Häuser, eingestürzte Keller und Schutthalden. Richtige Spielplätze mit Rasen und Bäumen gab es da, wo wir lebten, nicht. Im Haus oder auf dem Hinterhof durften wir Kinder nicht spielen. Die vielen alten Frauen, die dort lebten, die vom Krieg übriggeblieben waren, vertrugen keinen Kinderlärm. Sie jagten uns Kinder immer fort.

Mutter war zu mir sehr streng. Sie lobte als »Erziehungsmodell« immer ihren eigenen Vater. Dieser hatte damals (1878 – 1960) alle elf Kinder mit strengen und scharfen Blicken und Schlägen (angstvoll) erzogen. Deshalb schaute auch Mutter mich immer wieder mit einem Blick an, der mir immer durch und durch ging, der mir direkt Furcht einjagte ... und wenn ich nicht sofort wußte, was sie mit ihrem Blick sagen wollte, dann begann sie zu brüllen und es gab schnell Schläge. Um diesen wieder zu entgehen, versuchte ich, mir durch Tricks, Flunkereien und Lügen Freiräume zu verschaffen, denn ich hatte vor ihr oft furchtbare Angst. Bemerkte sie das, gab es für meine Lügen wieder Schläge. Es war ein schlimmer Teufelskreis.

Aber Liebe, Nähe, Wärme, Zuneigung, Zärtlichkeit, Streicheleinheiten, Wertschätzung, Anerkennung usw. usf., also all die Grundbedürfnisse, die jedes Kind so selbstverständlich hat und nach unserem heutigen Verständnis zwingend

147

erfüllt bekommen sollte, um dadurch später ein erwachsener Mensch mit Selbstverantwortung und Selbstbewußtsein zu werden, davon habe ich von ihr für meine Bedürfnisse viel zu wenig bekommen.

Heute weiß ich:

Alles, was dann später in meinem Leben passierte, dieses Auf und Ab, auch meine ganzen Krankheiten, geschah auf dem Hintergrund dieser für mich schlimmen und prägenden Kindheitserlebnisse, die ja zwangsläufig mein Denk-, Empfindungs- und Erfahrungsmuster für dieses Leben darstellten.

10.
Katholik aus Zufall

Auch mein katholischer Glaube entstand mehr aus einem »Zufall«, so wie ich wohl selbst. Ich sollte damals mit fast zwei Jahren, noch ungetauft, im lebensbedrohlichen Zustand wegen offener Tuberkulose und akuter Unterernährung in die Klinik. Mutter und ihre Familie waren seit Generationen protestantisch. Also wollte mich Mutter vor der Einlieferung noch schnell taufen lassen, aber der evangelische Pastor war nicht da.

Da der Arzt Mutter sowieso gesagt hatte, daß meine Überlebenschancen quasi gleich Null wären, dachte Mutter: *»Getauft ist getauft. Gott nimmt das wohl nicht so genau wie seine Geschöpfe hier auf Erden«,* was ich heute noch von Mutter sehr weise gedacht finde.

Auf der anderen Straßenseite war die katholische Kirche. Der dortige Pfarrer war da und hatte auch sofort für die Taufe Zeit. So wurde ich Ausländerkind später noch zusätzlich mit dem Makel behaftet, in einer traditionell protestantischen Familie und in einer traditionell protestantischen Umgebung auch noch einziger Katholik zu sein.

Meine evangelische Mutter ging mit mir später zeitweise in eine katholische Kirche, denn was Glauben betraf, da verstand sie keinen Spaß. Da saß ich dann als kleiner Junge auf ihrem Schoß und mußte ruhig sein und stillsitzen. Ich verstand überhaupt nicht, was ich da sollte. Ich mußte Hände falten und Kreuzzeichen machen – wieso?

Später, etwas älter, mußte ich in eine andere Kirche gehen, die noch halb zerbombt war und gerade provisorisch hergerichtet wurde; fast jeden Sonntag, gegen meinen Willen. In der Bank knien und die ganze Zeit über still sein und sich nicht bewegen dürfen, das war schlimm für mich. Außerdem bekam ich da irgendwelche Dinge über einen Jesus zu hören, den ich nicht kannte und die ich einfach nicht verstand ... und der sollte auch noch lieb sein und der Sohn irgendeines Gottes – den ich nicht kannte.

11.
Prügel für einen »lieben Gott«,
angstvolle Beichte

Einmal – während einer mir viel zu langweiligen Predigt – hat mich der Pfarrer beim Schwatzen mit dem Nachbarn erwischt. Ich mußte mich in den Mittelgang der Kirche stellen und bis zum Ende der Messe dort stehenbleiben. Mutter hat mir hinterher wutentbrannt noch vor der Kirche (da mich mißratenen Sohn ja nun alle kannten) unter den wohlwollenden Blicken der anderen Eltern mit ein paar zünftigen Ohrfeigen laut schimpfend klargemacht, wie ich mich in der Kirche – vor einem mir unbekannten »lieben Gott« – zu verhalten habe, das war sie sich einfach schuldig.

Außerdem wurden nun daheim (da ich ja zum Religionsunterricht gehen mußte) all meine »Verfehlungen« von ihr zu schlimmen Sünden umfunktioniert, welche ich aufschreiben und jeden Samstagabend einem unsichtbaren Pfarrer in einem schrecklich dunklen Beichtstuhl angstvoll beichten mußte ... der somit, ohne es zu wollen, zum machtvollen Miterzieher wurde.

Die katholische Außenseiterrolle hatte ich dann auch in der Schule. In der riesigen Stadt-Grundschule mit mehreren hundert Schülern im evangelischen Nachkriegsberlin waren wir insgesamt sechs, die aus dem normalen Unterricht heraus zum katholischen Religionsunterricht mußten. So erhielten wir sechs den Ruf und Sonderstatus »Katholiken« – also geradezu Aussätziger, blöde und falsch zu sein.

151

Je älter ich wurde, desto mehr haßte ich es, ja ich schämte mich, Katholik und Ausländer, arm und falsch und blöd – und uneheliches, lediges Kind – und was noch alles – zu sein, was man mir alles immer wieder an den Kopf warf, und ich zog mich immer mehr in mich zurück.

Erst als ich mit 24 Jahren nach Bayern in den Chiemgau kam, in ein katholisches Gebiet, fiel dieser ungeheure Druck von mir ab, Ausländer und Katholik, unehelich, blöde und deshalb falsch zu sein. Niemand störte sich hier an meinem Namen, niemand störte sich hier an meinem Glauben – wofür ich nach all diesen Erfahrungen sehr dankbar bin.

Und die Schöpfung, Gott, Jesus, Philosophie, Psychologie, Esoterik: das ist mir im Lauf der Jahre wie Heimat geworden, denn ich habe seit damals sehr viel dazugelernt.

12.
Die Grundschulzeit:
Ablehnung, Ängste und Schläge

In die Schule ging ich lange Jahre mit einem an allen Ecken geflickten alten Trainingsanzug. Ich trug in den ersten Schuljahren im Winter einen auf Kindergröße zurechtgeflickten alten Wehrmachtsmantel – wofür mich die anderen Kinder, denen es in ihren Familien besser ging, als Vogelscheuche oder Schießbudenfigur verspotteten.

Ich fühlte mich mit diesen alten, abgetragenen, oft geflickten Sachen totunglücklich. Ja, ich schämte mich meines Aussehens – aber wen interessierte das schon? Ich hatte ja als Kind niemanden, mit dem ich darüber reden, dem ich meinen Seelenschmerz klagen konnte. Danach gefragt hat mich auch niemand; Mutter wollte davon sowieso nichts hören. Sie sagte immer nur: »Wir haben kein Geld« ... und wir hatten ja auch wirklich nichts.

Da ich mir den ganzen Tag mit dem Schlüssel um den Hals allein überlassen war, ich in der Schule wegen meiner ärmlichen Kleidung, auch als Katholik und uneheliches Ausländerkind als Außenseiter behandelt wurde, sackte ich so zwangsläufig in den schulischen Leistungen langsam aber sicher immer mehr ab.

Ich fühlte mich von den Lehrern ab der dritten Klasse weder beachtet, noch motiviert oder verstanden. Aber beschimpft, besonders wegen meiner schlechten Matheleistungen, wurde ich viel.

Aber nach meinem kindlichen Seelenkummer, nach meinem Alleinsein, nach meinen Ängsten, nach meinen häuslichen Umständen hat mich nie ein Lehrer gefragt.

Das gab ab der vierten Klasse, besonders in Mathe und Deutsch, immer wieder schlechte Noten. Daheim bekam ich von Mutter dafür begleitende Prügel mit Schreien, Schimpfen, Drohen. Sie ließ mich dann, unter vielen Tränen von mir, unzählige Strafarbeiten als Sonderübungen zur besonderen Motivation anfertigen. Sie war dabei so unberechenbar, schlug mich sofort, wenn es nicht so ging, wie sie es sich vorstellte, und ich hatte oft schreckliche Angst vor ihr.

Für Mutter waren meine schlechten Schulnoten sowieso klar. Sie war einer Meinung mit der damaligen Klaßlehrerin: ich war eben der sture, faule, nichtswürdige Hund, wie sie mich oft nannte, das Kind von einem Ausländer eben! ... was konnte da schon anderes herauskommen!

Ich war eben überall der ungewollte, nichteheliche, ungeliebte, katholische Ausländerjunge, der eben nicht hierher und nicht dazugehörte, der dafür, daß er etwas zu Essen bekam, auch parieren mußte, ... so eine Art Kaspar Hauser.

Für meinen zehn Jahre älteren Bruder sah das allerdings ganz anders aus. Ich hatte immer den Eindruck, er fürchtete, daß ich ihm etwas wegnehme (insbesondere seine Mutter). Und es war auch wirklich so. Die beiden« hatte einen viel besseren »Draht« zueinander, als ich zu ihnen. Ich stand eben draußen.

Mutter bestätigte das auch oft. Wenn sie über mich schimpfte, dann setzte sie meist noch dazu: »... und der ist ... wie sein

Vater!« Mutter erzeugte damit in mir so ein Gefühlsgemisch zwischen Haß, Zorn, Scham und Sehnsucht nach diesem Vater – den ich nicht kannte.

13.

Die Oberschule:

Endlich einmal ein gutes Wort

Erst in der Oberschule war es mir dann möglich, mich langsam in Richtung guter Noten hinaufzuarbeiten.

Tief saß in mir die Prägung von meiner Mutter und von Grundschullehrern, der Dumme, der Faule, der Versager zu sein. Tief saß in mir die Angst vor Lehrern aus der Grundschule, die mir vor der gesamten Klasse z. B. das Schulheft um die Ohren schlugen, mich zu Unrecht beschimpften und ungerecht beurteilten, wenn ich beispielsweise meine Hausaufgaben nicht so ausgeführt hatte, wie sie es sich vorgestellt hatten.

So kam ich nach der 6. Klasse, in der ich beinahe wegen einer Sechs in Deutsch hätte sitzenbleiben sollen, in eine 7b-Klasse, in einen anderen Stadtteil. 7b, das hieß Abschlußklasse für »Faule«, »Dumme« und »ewige Sitzenbleiber«, die in der Schule schon einige »Ehrenrunden« gedreht hatten und nun für reguläre Klassen schon viel zu alt waren – oder es bedeutete eben Chance.

Ich lernte da plötzlich Menschen aus einem ganz anderen – mir völlig fremden – Milieu kennen, die auch noch wesentlich älter waren als ich. Ich lernte eine mir völlig fremde Denkweise, rüpelhaftes Verhalten, Liebhaber von Bier- und Schnapsflaschen, deren Sprache und Verhalten sowie Thema Nr. 1 in jeder Version kennen.

Heute scheint es mir wie eine Ironie des Schicksals. Aber ausgerechnet in dieser Klasse hatte ich einen Lehrer, Herrn von Garnier, der mich mochte und mich motivierte. Er sprach oft nach dem Unterricht mit mir. Er zeigte mir seine Liebe zu Aquarien und Terrarien, begeisterte mich für Biologie und Geschichte. Ich wurde im Physiksaal seine rechte Hand, durfte Versuche aufbauen ... und von mir, von meinen Sorgen, Gedanken und Gefühlen erzählen.

Er war ein wunderbarer Zuhörer; er war wie ein Vater zu mir, der mich immer verstand. Plötzlich schrieb ich, der ewig Dumme und Faule, auch immer bessere Noten.

14.

Ohne Schulabschluß bist Du nichts!

Wir waren zwei von 32, die am Ende dieses Schuljahres nicht ins Arbeitsleben entlassen wurden. Wir zwei kamen in eine reguläre 8. Klasse.

Wieder war es hier ein Lehrer, der mich mochte, mich motivierte, mich förderte, der wieder wie ein Vater zu mir war: mein unvergessener Klassenlehrer, Herr Pötting. Plötzlich schrieb ich nur noch gute Noten. Ich blühte geradezu auf! Dieser Mann lobte mich auch vor der Klasse – mich! Er las sogar Aufsätze von mir vor, die mit »1« benotet waren, während ich in der 6. Klasse wegen einer »6« im Zeugnis, gerade in Deutsch, sitzenbleiben sollte. In der 9. Klasse wurde ich, ich dummer, ich fauler, nichtswürdiger, unehelicher, katholischer Ausländerjunge sogar als bester Schüler des Jahres vom Direktor in der Aula, im Rahmen einer Schulfeier, mit einer Buchprämie ausgezeichnet.

Am Ende dieses Schulzweiges versuchte mein Klassenlehrer Pötting Mutter davon zu überzeugen, daß ich auf das Gymnasium überwechseln und mein Abitur machen sollte. Ich wollte das unbedingt, denn lernen war für mich sehr wichtig geworden. Ich wollte nicht wieder zurück ins »asoziale Milieu«. Ich wollte mein Abitur machen und studieren, denn ich hatte eines gelernt: Ohne einen guten Schul- bzw. Studienabschluß bist Du nichts.

Aber mit zunehmendem Grad des Titels wirst Du immer mehr geachtet!

15.
»Der soll Geld verdienen gehen...«
Man steckte mich einfach in eine Lehre

Nur Mutter sagte wie immer: *»Wir brauchen Geld«,* und Geld gab es nicht in der Schule, sondern nur für Arbeit! Mutter war es egal, was ich werden sollte. Die Hauptsache für sie war, es kam endlich Geld auf den Tisch. Ja, ich mußte ihr noch dankbar sein, daß sie mich einen Beruf lernen ließ – so sagte sie oft –, das war für sie schon sehr viel. Ihr wäre es sicher lieber gewesen, ich wäre sofort in eine Fabrik arbeiten gegangen, denn da hätte ich wenigstens gleich Geld verdient.

So steckte man mich also in eine Lehre, die ich widerwillig einging und nach dreieinhalb Jahren beendete. Was sollte ich denn machen? Aber zum Ende dieser Lehre ging ich wieder weiter auf (VHS)-Fort- und Weiterbildung – in Förderkurse und Seminare und auf ein Abendgymnasium, um dort und danach meinen eingeschlagenen Lern- und Studienweg fortzusetzen.

Die Welt der Bücher, die Welt des Wissens und Lernens hat zeit meines Lebens – bis heute – seinen Wert für mich nicht verloren, ganz im Gegenteil.

Herzlich dankbar bin ich heute meinen Lehrern der Oberschule, die an mir wieder gutmachten, was unsensible Grundschullehrer in meiner damals kindlichen Seele und in meinem Selbstwertgefühl zerstört hatten.

Was wäre ich heute wohl ohne sie? Was wäre ohne ihre freundliche Motivation und ihren Glauben an mich aus mir geworden?

16.

Vieles aus meiner Kindheit steuert mich heute noch

Für alles das, was ich in meiner Kindheit erleben und durchleiden mußte, habe ich über lange Jahre meines Lebens mit meiner Mutter große Schwierigkeiten gehabt.

– Tief waren die schlimmen Ängste meiner mehrfach vergewaltigten Mutter in meinem Unterbewußtsein verankert, was ich durch (Hypnose)-Therapien weiß.

– Tief saß in mir der Bruch des Urvertrauens zwischen mir und meiner Mutter, weil ich im Kleinkindalter wegen Tbc zwei Jahre im Sanatorium war (wofür natürlich niemand schuld war).

– Tief saßen und sitzen auch heute noch unbestimmte Ängste in mir, ausgelöst durch ihr häufiges Wüten, Schreien, Drohen oder Schlagen, was mich als Kind oft so ängstlich, hilflos oder ohnmächtig machte.

– Tief sind in mir die einsamen Kinderjahre verwurzelt, in denen ich mit dem Schlüssel um den Hals, von früh bis spät abends, mir allein überlassen war.

– Tief in mir ist große Traurigkeit über die ständig erfahrene Ablehnung, weil ich unehelich, Ausländerkind und Katholik und damit immer ausgeschlossen war.

– Tief sitzen in mir die Erinnerungen an unsere Armut und meine Scham darüber, weil ich z. B. wegen ärmlicher Kleidung immer wieder ausgelacht und verspottet worden bin.

– Tief sitzen die Erinnerungen insbesondere von zwei Grundschullehrerinnen in mir, die mich völlig ablehnten, die meine nicht sehr guten schulischen Leistungen in Mathematik und Deutsch zum Anlaß nahmen, um mich immer wieder vor der Klasse anzuklagen, bloßzustellen, zu blamieren und abzuwerten – **statt sich wenigstens ein einziges Mal zu bemühen, meine Lebensumstände und meine kindliche Seele zu verstehen.**

– Dankbar hingegen denke ich noch heute an meine zwei Oberschullehrer, denen mein Äußeres und meine Herkunft völlig unwichtig waren. Im Gegenteil: sie halfen mir, zu mir selbst zu finden, Selbstvertrauen und Selbstwertgefühl aufzubauen und – erst schüchtern, aber dann immer mehr – zu zeigen, wer ich bin und was ich kann. Sie, erst sie gaben mir durch ihre Motivation die Kraft und den Mut, meine »asozialen« Grundprägungen zu überwinden und diese zu verlassen. Sie halfen mir, das Gefühl zu entwickeln, daß auch ich ein Recht habe, auf dieser Welt zu sein.

Vieles aus meiner Kindheit steuert mich sicher heute noch. Aber heute weiß ich, was mich steuert. Ich kenne inzwischen einen großen Teil meiner vielen »Strickmuster« gut, meine Stärken, Schwächen, Fallen, auch Ängste. Ich habe mir all diese Dinge wieder und immer wieder gezeigt und bewußt gemacht. Dadurch ist es mir gelungen, ganz langsam vieles in und an mir zu verändern.

Aber ein »Anderer« bin ich deshalb auch nicht geworden. Meine Muster sind sehr tief in meinem Unterbewußtsein verankert, denn sie sind die Wurzeln meines Lebens. Nur

lerne ich sie immer besser kennen. Ich kann deshalb besser mit mir und meiner Welt umgehen. Mehr, nein mehr kann ich sowieso nicht verlangen, glaube ich.

17.
Meine Kindheit:
Ein großer Schatz an Lebenserfahrungen

Vor vielen Jahren saß ich einmal einem ganz alten Heilpraktiker gegenüber. Er war ein weißhaariger, ruhiger Mensch, der
auf mich einen sehr gütigen Eindruck machte. Ich erzählte ihm
von meinen jahrelangen schlimmen Schmerzen. Ich erzählte
von den vielen Arztbesuchen, ich erzählte von den vielen quasi
sinnlosen Behandlungen und von der ungeheuren Summe an
Medikamenten, die ich im Lauf von zwei Jahrzehnten ein-
nehmen mußte.

Ich erzählte auch von meiner für mich so schlimmen Kindheit.
Ich sagte ihm, daß ich nach den Erlebnissen und Erfahrungen
meiner Kindheit im Höchstfall so eine Art »Asozialer« hätte
werden dürfen, denn das waren die Voraussetzungen für mein
späteres Leben.

Er sah mich danach lange an und sagte mir, er wundere sich
nach diesen Kindheitserfahrungen nicht über meine jetzige
schwere, jahrzehntelange Erkrankung.

**Aber, so sagte er, so schlimm meine Kindheit und die
jahrzehntelange Krankheit auch sein mochten, sie stellten
doch einen großen Schatz an Lebenserfahrungen dar, so als
würde man sagen: »Wen Gott liebt, dem bürdet er Schweres
auf!«**

Das war damals sehr schwer für mich zu verstehen, einzuse-
hen und anzunehmen. Heute, als Psychotherapeut und selbst

Heilpraktiker, und um viele Jahre gereift, weiß ich, wie recht der Mann hatte, der schon lange nicht mehr unter uns weilt.

Heute sind meine eigenen schlimmen Lebens- und Leiderfahrungen ein unbezahlbarer Schatz an Erfahrungen für mich und oft auch für meine Patienten – und auch für Dich. Heute weiß ich, daß alles, alles so seinen Sinn hatte und richtig war, entsprechend einer übergeordneten göttlichen Fügung für mein Leben und das Leben eines jeden einzelnen Menschen.

GOTT gab uns Menschen nicht nur einen Körper und einen Geist. Er verknüpfte beide durch eine wissende, fühlende, ahnende und liebende SEELE zu einer unlösbaren DREIEINIGKEIT.
Die Seele steuert im feinstofflichen, bioenergetischen Bereich auf wunderbare Weise den gesamten menschlichen Organismus, bestimmt auch unser Fühlen, Denken und Handeln. So ist es also ein schwerer Irrtum, wenn für gesundheitliche Störungen immer nur allein der Körper verantwortlich gemacht wird!
Carlo Weichert

Teil 3

Von der kindlichen Seele,
dem Elternhaus und dem Leben selbst

aus meiner psychologisch-
psychotherapeutischen Sicht

DU HAST EIN RECHT DARAUF, HIER ZU SEIN:

– *Du bist ein Kind dieses Universums, nicht weniger wert als die Bäume und die Sterne.*

– *Du hast ein Recht darauf, hier auf dieser Welt zu sein.*

– *Sei ECHT!*

– *Verkünde gegenüber jedermann Deine eigene Wahrheit, ruhig und klar.*

– *Aber heuchle keine Zuneigung, nur weil Du Liebe oder Anerkennung suchst.*

– *Sei immer Du selbst und sei freundlich zu Dir selbst.*

– *Sei ECHT!*

1.

Erlebnisse, Erziehung, Prägungen und Erfahrungen in unserer Kindheit:

Kapital oder Hypothek fürs Leben?

Heute, viele Jahre nach der Zeit, in der diese Marcus-Geschichten entstanden sind, weiß ich um die enorme Wichtigkeit gerade unserer – besonders frühen – Kindheit. Sie ist immer Kapital oder Hypothek für das ganze spätere Leben eines jeden Menschen.

Heute bin ich 51 Jahre alt. Ich arbeite in meiner Praxis überwiegend psychotherapeutisch. Einige tausend Patienten waren wohl schon hier. Diese brachten in die Therapien ihre eigenen Lebens- und Partnerprobleme, ihre Ängste und/oder Depressionen, organische und/oder psychosomatische Störungen oder Erkrankungen mit.

Besonders von ihnen habe ich gelernt, die wahren Ursachen für ihr momentanes Empfinden, aber auch für ihre jetzigen Krankheiten usw., in ihrer eigenen frühen Kindheit und in ihren unterschiedlichen Charakterstrukturen zu suchen und fast immer dort zu finden.

Die Hintergründe dafür liegen nicht nur allein in der Erziehung, sondern auch in den zahllosen bewußten und unbewußten, positiven und negativen Prägungen, Erlebnissen und Erfahrungen durch die Eltern, Großeltern und Geschwister usw. Hinzu kommen noch die vielen Miterzieher und Präger, wie Kindergarten und insbesondere die Schule, dann auch Bekannte, Freunde usw., die auf diesen Prozeß einen viel größeren Einfluß haben können, als man oft meint.

2.
Neun Monate unbewußte Prägungen und Erfahrungen im Mutterleib

Neulich war ein Mann mit für ihn unverständlichen Angstattacken, seltsamen melancholischen Stimmungsschwankungen und Depressionen in meiner Praxis. Er nahm deshalb seit einigen Jahren Psychopharmaka, hatte schon zwei Langzeittherapien hinter sich und suchte nun »andere Wege«. Er erzählte unglaubliche Dinge aus seiner Kindheit, von Krieg und Vertreibung seiner Eltern, die er damals im »Bauch seiner Mutter« sozusagen miterlebt habe.

Aber er meinte, das habe doch alles nichts mit seinem jetzigen Zustand zu tun. Der Mensch sei doch schließlich nur Chemie. Alles im Menschen sei erklärbarer, meßbarer »Chemismus«. Seele oder Psychosomatik, das war für ihn nur Pfarrer- oder Psychologengeschwätz. Das sei doch alles nicht meßbar, so sagte er. Auch seine Ängste seien nur Fehlschaltungen in seinem Gehirn, für die er bis jetzt nur noch nicht den richtigen Arzt oder Heilpraktiker gefunden habe, der ihm die richtigen Medikamente verordnet.

Ich versuchte, diesem Mann zu erklären:

Wer meint, daß die neun Monate im Mutterleib nur körperliche Entwicklung des werdenden Kindes bedeuten, den würde ich gerne eines Besseren belehren:

Denn hier, im Mutterleib, wird dem Kind schon unsichtbar das Fundament seines späteren seelischen Empfindens geprägt.

Alles, aber auch alles, was die zukünftige Mutter in der Schwangerschaft erlebt oder durchleidet, prägt jetzt schon unsichtbar das Kind für später. Jede Gefühlsregung der Mutter überträgt sich auf das werdende Kind.

Streit in der Familie, Zorn, Ärger, Frust, Schimpfen, Schreien, Weinen – oder Lachen, Fröhlichsein und Ausgeglichenheit – oder wie bei ihm: Krieg, Flucht und Vertreibung: Alles, alles überträgt sich auf das werdende Kind ... und wird es in seinem späteren Leben tief aus seinem Unterbewußtsein, wie aus einer unsichtbaren Quelle der ANGST oder FREUDE steuern und sein Verhalten bestimmen.

Nach meiner Erfahrung mit vielen Patienten ist die Grundstimmung der Mutter in der Schwangerschaft, dazu ihr soziales Umfeld und damit die Mutterschwingung entscheidend für das körperlich-geistige und besonders seelische Potential für das gesamte spätere Leben des werdenden Kindes. All diese Dinge sind unsichtbar und können Kapital oder Hypothek bedeuten!

Ich habe genau das an mir selbst erlebt, und bei vielen meiner Patienten in den Psycho- bzw. Hypnosetherapien.

3.
Die prägenden ersten drei Lebensjahre

Häufig wird völlig übersehen, daß die ersten drei Lebensjahre für uns Menschen die prägendsten überhaupt sind. Das aber möchte ich aus meiner therapeutischen Erfahrung heraus besonders betonen.

Das Problem jedoch ist: wir Erwachsenen können uns an diese Zeit kaum erinnern. Trotzdem, wenn man das Leben eines Menschen mit dem Bau eines Hauses vergleicht, so wird in diesen ersten drei Jahren nicht nur das Fundament geschaffen.

Meiner Erfahrung nach wird bis zu der Zeit, wo normalerweise unsere ersten Erinnerungen einsetzen, also 3.–4. Lebensjahr, verglichen mit dem Bau eines Hauses, schon der gesamte Rohbau plus Dach fertiggestellt.

Das geschieht normalerweise durch die bewußte bzw. unbewußte Erziehung und Prägung der Eltern, insbesondere durch die Mutter bzw. durch die Person, die in dieser wichtigen Zeit Mutterrolle übernimmt.

Das unsichtbare Problem ist, daß dieser Rohbau, der absolut prägend für unser späteres Leben sein wird, in einer Zeit aufgebaut wird, an die wir uns selbst später kaum erinnern können. Es ist eine Zeit, die für uns Erwachsene fast völlig im Dunkeln unseres Unterbewußtseins liegt.

Aber dieser Rohbau bzw. dieses Lebensgrundgerüst steuert dominant unsere unsichtbaren Denk-, Handlungs- und Empfindungsmuster, nach denen wir im späteren Leben

unsere Welt gestalten werden. In ihm liegen insbesondere unsere vielen unsichtbaren Grundängste verborgen. Diese bestimmen dann unsichtbar, aber dominant, unser Denken, Fühlen und Handeln, was dann von außen betrachtet gern mit Charakter gleichgesetzt wird.

4.
Das »vergewaltigte« Kind

Menschenkinder sind wie viele Tiere zu Beginn ihres Lebens und in den ersten Lebensjahren hilflos und damit völlig abhängig von ihren Eltern, insbesondere von der Mutter.

Aber das Kind ist nicht nur auf Pflege angewiesen. Es braucht insbesondere emotionale Zuwendung, d. h. **Liebe, Nähe, Wärme, Zuneigung, Zärtlichkeit, Streicheleinheiten – und Anerkennung** (wie Tiere und Pflanzen auch).

Diese Abhängigkeit zu der Pflegeperson (meist Mutter) erzeugt jedoch zwingend Ängste, wenn seine Mutter gerade keine Zeit hat, nicht da ist oder keine Lust hat, sich mit dem Kind abzugeben. Nun bekommt das abhängige, d. h. das kleine und schwache Kind nicht das, was es gerade braucht, worauf es Lust oder wonach es Sehnsucht hat, nämlich Liebe, Nähe, Wärme usw.

Das Problem ist, daß viele Eltern aber nicht in aller Aufmerksamkeit ständig für ihr Kind da sein können. Das Kind wird nun lernen müssen, auch diese Zeit auszuhalten, wenn insbesondere Mutter (Vater) nicht sofort für es da sind.

Wenn die Mutter (Beziehungspersonen) jedoch dem Kind vertrauensvolle Konstanz bieten, so wird es nach und nach seine Ängste abbauen und durch Vertrauen ersetzen. Das Kind beginnt dadurch, Wurzeln für sein Leben wachsen zu lassen und seelische und geistige Stabilität zu entwickeln.

Ganz anders da, wo Eltern ihr Kind stundenlang schreien lassen, ihm keine Konstanz bieten oder es gar wegen angstvollen

Schreiens nach den Eltern schlagen oder es in der Nacht in den Keller sperren.

Genau diesen Fall habe ich gerade wieder von einer seelisch schwer gestörten jungen Patientin gehört, die jede Nacht wegen Angst- und Panikattacken ohne eine zweite Person im Zimmer nicht mehr schlafen kann.

Ein solches Kind fühlt sich, da es klein, schwach und völlig abhängig von der überstarken, dominanten Erwachsenen- welt ist, geradezu vergewaltigt. Es durchlebt in seiner Ge- fühlswelt so eine Mischung aus Angst, Hilflosigkeit, Ohn- macht, Enttäuschung, Wut, Aggression und letztendlich Resignation und Depression. Es fühlt sich für sein Leben bedroht.

Es entwickelt dadurch schwere Ängste, die es unter Um- ständen sein restliches Leben als erwachsener Mensch steuern werden, d. h. die Welt der Psychopharmaka ist hier unter Umständen schon vorprogrammiert.

Seine seelische Antwort darauf wird nun unbewußt noch mehr Angst sein, die es aber insbesondere als Erwachsener nicht zeigen darf. Äußeres Zeichen dieser unterbewußten Ängste jedoch sind dann, je nach Temperament des Kindes und späteren Erwachsenen, Aggression oder Depression, Schwierigkeiten und Probleme mit dem Partner, den Kin- dern, dem Leben usw.

Eltern sollen unbedingt wissen: Ein Kind ist und fühlt sich gegenüber der Erwachsenenwelt immer klein und schwach. Die Macht haben immer die Großen und Starken, die das leider auch oft ausspielen.

Kinder reagieren darauf oft mit schlimmen, aber unsichtbaren Ängsten, die sie dann auch später in ihrem erwachsenen Leben steuern werden, wie ich es häufig in den Therapien erleben muß.

5.
Den Eltern nicht unüberlegt Schuld zuweisen

Oft höre ich bei ähnlichen Kindheits- und Lebensgeschichten wie der meinen, von Patienten in den Therapien den Satz: *»Meine Mutter oder mein Vater oder meine beiden Eltern sind an der Misere meines Lebens, an meiner Krankheit, an meiner gescheiterten Ehe usw. schuld. Sie haben, sie hätten doch ...«* usw. usw.

»Stop, ... stop«, sage ich dann zu meinen Patienten. *»STOP! Lassen Sie uns bitte doch einmal gemeinsam über den Begriff ›Schuld‹ nachdenken.«*

Ich versuche dann meinen Patienten zu erklären, daß ein Bankräuber, ein Kinderschänder usw. absolut schuldig ist und auch schwere Schuld auf sich lädt ... auch im göttlichen Sinn. Denn er tut etwas, was vom sozialen, ethischen, moralischen, auch theologischen Standpunkt her nicht vertretbar und damit schuldhaft, also auch berechtigt strafbar ist.

Jedoch häufig sind und waren unsere Eltern, insbesondere was die Kindererziehung und -prägung angeht, für das, was sie dem Kind antun, geradezu blind. Da werden nämlich plötzlich junge Menschen automatisch zu Eltern, »nur« weil ein Kind da ist. Sie sollen dann auch noch sofort liebevolle, verantwortungsbewußte und perfekte Eltern sein.

Aber Eltern-Sein, besonders wie es unsere Gesellschaft und auch die Kirche verlangt, haben sie nicht gelernt (besonders

nicht so, wie wir es uns heute als Idealbild vorstellen) ... und auch ich habe Eltern-Sein und Papa-sein nie gelernt.

Wenn ich darüber nachdenke, was man in einer kindlichen Seele so anrichten kann, dann fühle ich mich in dieser Rolle oft völlig hilflos und überfordert. Aber ich muß einfach Papa sein. Ich muß reagieren, Anweisungen geben, Verständnis zeigen usw.

6.

Elternvorbild hat auch Modellcharakter für das eigene Leben

Das einzige Mal in unserem Leben, wo wir indirekt und noch dazu völlig unbewußt lernen konnten (oder mußten – je nachdem!) wie Eltern sind, wie sie mit sich selbst oder mit ihren Kindern umgehen, das war die Zeit, in der wir selbst noch Kinder oder Jugendliche waren.

Dieses Lernen ist aber nicht aktiv, sondern viel eher passiv. Wenn der kleine Sohn z. B. erlebt, daß er vom Vater oft angeschrien und geschlagen wird, so besteht durchaus die Wahrscheinlichkeit, daß er später seine Frau und seine Kinder auch anschreit und vielleicht auch schlägt (er hat es so vom Vater als Vorbild übernommen).

Das Vorbild unserer Eltern, d. h. wie sie mit uns bzw. wie sie mit sich selbst damals umgegangen sind und wie wir sie erlebt haben, hat für uns als spätere Erwachsene, insbesondere wenn wir einmal selbst Eltern sind, geradezu unsichtbaren Vorbild- bzw. Modellcharakter.

Es ist fast wie ein unsichtbarer Zwang, daß wir in der Erziehung unserer eigenen Kinder eben genau auf die Muster zurückgreifen werden, die wir von unseren Eltern meist völlig unbewußt übernommen haben, denn die meisten Menschen haben es ja nie anders gelernt. Und wir werden geradezu automatisch unsere Kinder wieder so weitererziehen, wie wir selbst erzogen/geprägt worden sind ...,

auch wenn wir uns fest vorgenommen haben, nie so zu werden, wie unsere Eltern waren.

Aber: eine gute Chance, hier doch zu korrigieren, besteht darin, daß wir durch Selbsterfahrung, durch bessere Erkenntnisse, Therapien, Analyse, Literatur usw. diese unsichtbaren Steuermechanismen aus unserer Kindheit in uns erkennen und verändern lernen.

Aber wie ich aus Erfahrung von vielen meiner Patienten weiß, ist das leider meist nicht der Fall. Oft muß erst Leid entstehen, damit Menschen bereit sind, an sich zu arbeiten.

7.
Eltern sind auch immer Kinder
ihrer Zeit

Die Eltern unserer Eltern stammen aus einer sehr harten und angstbesetzten Zeit, wo man die Hacken zusammenknallte, »Jawoll« rief, besser den Kopf einzog und »funktionierte«. Das Wort »Emanzipation« war damals noch ein Fremdwort. Die Rolle der Frau war Heim, Herd und Kinder. Die Rolle des Mannes war, Ernährer und »Führer« der Familie zu sein.

Aggression oder Depression, Rebellion oder Verdrängung und Angst waren in dieser Zeit sicher die oft unsichtbaren, aber spürbaren Auswirkungen dieser so geprägten Menschen.

All das, auch der Zeitgeist und die politische Denkweise usw., prägten zusätzlich das äußere und innere Zusammenleben unserer Eltern und wieder deren Eltern. Das ist sicher heute nicht anders. Der sogenannte Zeitgeist bestimmt auch die gegenseitigen Verhaltensweisen in den Familien. Er bestimmt auch das eigene Verhalten von Männern und Frauen, die nun plötzlich Mutter und Vater, also in der Elternrolle waren oder sind.

Der Zeitgeist bestimmte damit aber auch die Erziehung und Prägung der damaligen Kinder, deren Entstehung sie nicht verhindern konnten, weil es damals nichts zu verhüten gab, bzw. Verhüten geradezu als »sündhaft« angesehen wurde.

Außerdem waren damals Kinder oft so eine Mischung aus zwar lästigen Essern, aber auch gleichzeitig billigen Arbeitskräften, späterer Altersversorgung und für den Staat wichtigem Kanonenfutter, wie meine Mutter uns Buben immer nannte. Nach dieser Denkweise mußten Kinder damals einfach »funktionieren«.

8.

Die kindliche Seele:

Darüber hat sich damals kaum jemand Gedanken gemacht

So wie ich es immer erlebe, stelle ich mir vor: Kaum jemand hat sich in der damaligen Zeit über das Kind, über kindliche Bedürfnisse, ja geschweige denn über eine kindliche Seele Gedanken gemacht, so wie wir heute. Die Zeit war damals einfach noch nicht reif dafür. Ich bin hier mein bestes Beispiel.

Können wir so gesehen unserem Vater oder unserer Mutter, die unter diesem Zeitgeist, diesen Umständen aufgewachsen und erzogen worden sind und die von ihren Eltern auch nichts anderes gesehen und gelernt haben, Schuld dafür geben, daß sie nicht aufmerksamere und verständigere Erzieher ihrer eigenen Kinder sind oder waren?

Aber niemand kann sie, niemand wird sie davon freisprechen, daß sie häufig unbewußte Verursacher von schlimmem Leid ihrer Kinder sind oder waren. Aber genau das haben sie bestimmt nie gewollt!

Sie konnten einfach nicht anders sein, als sie waren. Sie haben es auch nie anders gelernt. Sie haben es von ihren eigenen Eltern oft auch nicht besser erlebt ... so wie wir heute doch auch! Sind sie also wirklich schuldig? Oder sind sie so gesehen nicht sogar eher Opfer ihrer gesamten Situation?

Sie haben auch nie gelernt, sich selbst zu hinterfragen und

somit an sich selbst zu arbeiten, wie es heute geradezu als selbstverständlich gefordert wird.

Aber: Geht es nicht viel mehr darum, mit den oft durchaus berechtigten Klagen gegenüber den eigenen Eltern endlich aufzuhören, weil es sinnlos ist? Geht es nicht darum, die Eltern und alles, was damals war, (endlich) loszulassen, das eigene Leben endlich selbst in die Hand zu nehmen und es – wo es notwendig ist – zu korrigieren, um dann eigenverantwortlich dieses Leben zu führen, auf dem Weg zu einem harmonischen, weisen und vollkommenen ICH?

Ich als Therapeut verstehe sehr wohl, wenn mir Patienten mit ihren schlimmen Kindheitserfahrungen sagen, ihre Eltern seien an allem schuld.

Aber für mich sind sie es (meist) nicht, weil für mich das Wort »Schuld« falsch gewählt ist ... und so erkläre ich es dann auch.

Statt die Eltern anzuklagen, sollte auch öfter die Frage gestellt werden: »Was habe ich eigentlich alles von ihnen mitbekommen, was mir im Leben hilft und nützt?« Esoterisch denkende Menschen wissen: gerade in den Dingen, die für mich am wenigsten günstig waren, steckt geradezu zwingend eine große Lernaufgabe für das Leben ... und so gesehen war alles gut.

9.

Eltern –
in der »Opfer-Täter«-Rolle

Als Bild ausgedrückt möchte ich sagen: Unsere Eltern sind aufgrund des vorher kurz skizzierten (traditionellen) Rollenverhaltens sozusagen »Opfer« der Erziehung durch ihre eigenen Eltern und die wieder durch deren Eltern usw. Dadurch werden sie nun wieder zu »Tätern« an ihren eigenen Kindern. Oft fallen sie somit als verständige Erzieher und einfühlsame Präger für das Leben ihrer eigenen Kinder regelrecht aus, denn sie erziehen und prägen ihre Kinder genau so weiter, wie sie selbst erzogen oder geprägt worden sind. (Wie häufig erlebe ich genau dieses Thema in der Praxis.)

Aufgrund dieses Wissens müßte man doch meinen, daß es eine Instanz in unserer Kinder- und Jugendzeit gibt, die uns nun statt des Elternhauses auf das wirkliche Leben, auf seine Tücken und Fallen hinweist bzw. vorbereitet.

Diese Instanz sollte uns als Wissen für das spätere Leben die Gesetze und Geheimnisse des menschlichen Miteinanders beibringen, deren Inhalte und Hintergründe lehren und uns an die (psychologischen) Feinheiten unserer Seelenstruktur heranführen.

Denn aufgrund der dargestellten sogenannten »Opfer-Täter«-Rolle ist das Elternhaus insbesondere mit dieser Aufgabe häufig regelrecht überfordert bzw. dafür geradezu betriebsblind oder auch ungeeignet.

Nun, so sollte man doch meinen, gäbe es dafür ja Schulen und studierte Pädagogen, die diese Aufgabe doch übernehmen werden. Aber weit gefehlt!

Wie ich anhand der täglichen Hausaufgaben meines Sohnes sehen kann – und es von allen Seiten ebenso höre –, werden unsere Kinder heute in den Schulen mit einer großen Fülle verschiedenen Lernstoffs eingedeckt, so daß neben den vielen zeitintensiven Hausaufgaben und Nachmittagsunterrichten kaum mehr Zeit zum Kindsein bleibt.

Gleichzeitig fordern die Lehrer optimale Leistung, denn es gilt einen von oben vorgegebenen Lehrplan zu erfüllen. (Also auch hier wieder eine Art »Opfer-Täter«-Rolle des Lehrers durch Lehrpläne, der sich aber auch gleichzeitig noch in der beschriebenen »Opfer-Täter«-Rolle durch sein Elternhaus befindet.)

10.

Auch von der Schule –

auf das wirkliche Leben
kaum vorbereitet

Seit einigen Jahren kann ich Jugendliche mit Null-Bock-Einstellung zwischen Aggression und Resignation auf »die Schule« verstehen, welche sich bei diesen auf das allgemeine Leben übertragen hat, wenn ich sie in der Therapie aus ihrer Welt erzählen höre.

Jedes Jahr kommen nämlich einige völlig verzweifelte Jugendliche in meine Praxis. Sie reagieren insbesondere kurz vor den Abschlußarbeiten (Schule, Studium usw.) auf den enormen psychischen Druck und Leistungsanspruch von Schule und Elternhaus mit Nervenzusammenbruch, Selbstmordgedanken, Angst- und Panikattacken, Depressionen, Übelkeit, Erbrechen und anderen psychosomatischen Störungen.

Ich denke mir: hier haben Schule und Elternhaus zusammen, bei diesen besonders sensiblen jungen Menschen durch zu hohen (angstauslösenden) Leistungsdruck die Symptome geradezu herausgefordert und provoziert.

Zurück bleibt dann ein junger Mensch, zwar eventuell mit einem Abitur, aber für sein Leben erst einmal seelisch erschüttert. Sein Kapital ist es nun, daß ihm für sein zukünftiges Leben mit vielen für ihn unter Umständen angstauslösenden Exen und Schulaufgaben ein riesiges Spektrum an Wissen beigebracht wurde.

Aber: das Fatale daran ist, daß dieser junge Mensch von dem eingetrichterten Wissensberg nur einen sehr geringen Teil im späteren Leben – für das wirkliche Leben – gebrauchen wird.

Aber das noch größere Drama für mich als Mensch und Psychotherapeut daran ist, daß wir für das wirkliche Leben in diesen kenntnisvermittelnden Schulen kaum etwas beigebracht bekommen – geschweige denn darauf vorbereitet werden.

11.

Persönlichkeits-, Partnerschafts- und Erziehungsfragen –

das haben wir in der Schule nicht gelernt

Gerade die vier wichtigsten Themenblöcke für das Leben sind es, die wir in dieser kenntnisvermittelnden Schule kaum lernen:

1. **Wer bin ich?** Was bin ich? Warum bin ich? Was steuert mich da? Welche Grund- und Charakterstrukturen habe ich? Wie gehe ich damit um? Wo lauern hier meine Fallen? Welche Ängste trage ich in mir? Wie kann ich sie erkennen und beseitigen, damit sie mich nicht steuern?

2. Welche Fallen haben mir meine Eltern durch ihre Erziehung und Prägung bewußt oder unbewußt in mein Leben hineingelegt? Wie kann ich damit umgehen? Was muß ich tun, um mich von meinen Eltern, ihren Prägungen usw. lösen zu können, damit ich mein eigenes Leben leben kann und nicht das Leben einer Marionette nach meinem Elternvorbild?

3. **Was ist Partnerschaft?** Wie gehe ich mit (m)einem Partner um? Welche Tücken und Fallen lauern im gegenseitigen Zusammenleben? Und … wie führt man aktiv Partnerschaften bzw. Ehen, damit sie nach einer Zeit der rosaroten Brille nicht am Ende doch in Haß, Wut, Zorn, Krankheit, Depression oder vor dem Scheidungsrichter enden?

4. **Wie erziehe, wie präge, wie führe ich meine Kinder** liebe-voll, aber konsequent durch ihr aufblühendes Leben, damit am Ende dieses Weges aus ihnen keine verbogenen, kran-ken, neurotisch-aggressiven oder depressiven Jugendlichen und Erwachsenen werden, die aus diesem Grund dann krank werden, Ärzte, Medikamente und/oder Therapeuten brauchen?

Es könnte allerdings sein, daß diese Dinge, würde man sie in den Schulen lehren, kaum richtig angenommen würden. Diese Themen sind von der Welt der Jugendlichen noch sehr weit entfernt.

Aber es wären Samenkörner für die Zukunft ... und damit sehr wertvoll.

12.

Vom Leben selbst –

oft schmerzlichen Nachhilfeunterricht

Die Erfahrung des Lebens zeigt nun: Wenn wir diese vier enorm wichtigen Themenblöcke weder im Elternhaus noch in der Schule je (richtig) gelehrt bekommen, dann müssen wir diese später oft sehr schmerzlich in der unsichtbaren Schule des Lebens selbst nachlernen.

Häufig bekommen wir dazu dann auch noch vom Leben selbst sehr unangenehme Lehrer präsentiert: Partner(in), Kollegen, Chef usw., die uns immer wieder auf unsere Ängste, Minderwertigkeiten, »fehlerhaften« Charakterstrukturen usw. geradezu schmerzlich hinweisen.

Streit, Ablehnungen, Unmutsgefühle, Ängste, Ärger, Aggression und Scheidungen sind oft die Folge **unserer eigenen Probleme,** die wir gern auf andere übertragen – und denen wir auch noch die Schuld dafür aufbürden.

Wir nennen solche Ereignisse in unserem Leben dann gern Schicksal, Schicksalsschläge oder auch Karma. – Bezeichnungen, die oft völlig neben der psychologischen Wahrheit liegen.

Denn: wir bekommen nun durch das sogenannte Schicksal (schmerzlichen) Nachhilfeunterricht für das Leben. Wenn wir die Lektionen aber nicht richtig lernen, so könnte es sein, daß wir zeitweise, vorübergehend oder bis zum Rest unseres Lebens Ärzte, Heilpraktiker, Medikamente

und/oder Therapeuten brauchen, weil wir mit den Lektionen, die uns das (Schicksal), d. h. das Leben selbst erteilt, immer noch nicht zurechtkommen.

Viele Menschen schreiben in der Schule des Lebens bildhaft gesprochen einen »Sechser« nach dem anderen und bleiben immer wieder sitzen. Sie laufen dann diesen Defiziten aus ihrer Kindheit ein Leben lang hinterher … und übertragen oft, ohne es zu wollen und zu wissen, die ganze Summe ihrer eigenen »Fehlprägungen« noch als Hypothek auf ihre Kinder – die dann ein Leben lang wieder an den Elternprägungen leiden … und diese wieder auf ihre Kinder weiterübertragen usw.

Statt nun an sich selbst zu arbeiten und zu lernen, die eigenen, tiefsitzenden Fehl- bzw. Angststeuerungen und damit die eigenen Probleme zu erkennen und (endlich) zu bearbeiten bzw. aufzulösen, gehen nun diese Menschen oft zu Glaskugeldeutern, Astrologen, Kartenlegern, Pendlern und Kaffeesatzlesern.

Von ihnen erwarten sie dann Hinweise auf Lösungen für all die Probleme, die aus ihren eigenen Ängsten, »fehlerhaften« Erziehungen und Prägungen und damit schweren Defiziten gegenüber dem Leben selbst kommen.

13.
Viele Menschen
lernen anscheinend nur durch Leid

Wie viele schlimme Lebensdramen, wie viel späteres Leid, wie viele Krankheiten, Arztbesuche und Medikamente könnten wir uns im späteren Leben ersparen, wenn wir wenigstens nur annähernd von Elternhaus und/oder der Schule diese vier wichtigen Themenblöcke lernen würden.

Ich halte dieses Nichtwissen für ein schlimmes Drama, welches auch ich weit über 30 Jahre meines Lebens persönlich erleben mußte. Aber ich glaube: vielleicht geht es gar nicht ohne Leid. Erst wenn der Leidensdruck groß genug ist, beginnen Menschen über sich und ihre »inneren Steuermechanismen« nachzudenken, Erfahrungen zu sammeln und uns dadurch zu entwickeln. Meist beginnen sie erst durch jahrelanges Leid zu reifen und letztendlich ein bißchen weise zu werden. Aber reifen und weise werden hat im Leben auch etwas mit Zeit zu tun, mit Lebenszeit nämlich = Lernzeit = Reifezeit.

Erfahrungen sammeln, reifen, weise werden für das Leben, das wird uns auch nicht in die Wiege gelegt. Wir müssen uns den Weg nach innen und die Kenntnisse über die Gesetze des Lebens schwer erarbeiten. Meist geht dieser Lernweg nur durch Leid – wie die Erfahrung zeigt.

Meine Erfahrung ist: Ich bin noch keinem Menschen begegnet, den die Gesetze dieses Lebens interessiert hätten, solange es ihm gut ging ... ganz im Gegenteil. Je besser es den meisten Menschen geht, desto weiter sind sie von den Gesetzen des Lebens, von ihrer eigenen Seele, ihrem göttlichen Kern entfernt – weil sie nur im »Außen« leben.

So gesehen (esoterisch sozusagen), sollten wir dann auch unseren Eltern nicht böse sein. Wie immer sie uns erzogen und geprägt haben sollten – am Ende stellen gerade diese »Fehlerziehungen und Fehlprägungen« einen großen Teil unserer eigenen Lebensaufgabe, unseres eigenen Lebensplans dar. Sie gilt es auf dem Weg zum eigenen Ich zu erlernen und zu überwinden.

So gesehen sind und waren insbesondere unsere Eltern für uns unsere besten Lehrer ... wenn wir sie als diese doch sehen könnten.

Auch unsere (Ehe)-Partner weisen uns ständig auf unsere eigenen Fehler, fehlerhaften Charakterstrukturen, unser fehlerhaftes Tun und Denken hin. Nur – sie lösen dadurch in uns oft unsichtbar oder spontan Ängste aus, wodurch der Partner(in) nun durch Streit oder Rückzug abgewehrt oder abgeblockt wird, statt genau hinzuhören ... und etwas über sich zu lernen.

Auch unsere Partner (evtl. Kollegen, Chef usw.) sind unsere besten Lehrer für das Leben – wenn wir sie doch nur als diese verstehen, annehmen und zulassen würden.

Wie heißt es so schön?:

Nicht jeder ist mein Freund,
aber jeder ist mein Lehrer

... und der, mit dem ich die größten Probleme habe, der ist meist mein bester Lehrer. Und je mehr ich mich dagegen sperre, desto leidvoller werden die Lektionen.

Natürlich kann man auch vor Lehrern flüchten: z. B. durch Scheidung. Aber es hilft nichts. Nach der neuen Zeit einer neuen rosaroten Brille beginnt der/die nachfolgende Partner(in) mit dem neuen (alten) Unterricht.

Teil 4

Auf dem Weg zum eigenen ICH:

Das Leben ist
unser bester Lehrmeister

FRIEDEN IN DEINER SEELE:

– *Gehe behutsam Deinen Weg inmitten des Lärms und der Hast dieser Welt.*

– *Vergiß dabei nie, welcher Frieden gerade im Schweigen liegen kann.*

– *Meide auf Deinem Erdenweg laute und aggressive Menschen. Sie bringen nur geistigen und seelischen Verdruß.*

– *Schließe, wenn Du älter wirst, Frieden mit Deiner Vergangenheit, Frieden mit Deinen Eltern, aber auch Frieden mit Dir selbst.*

– *Schließlich auch Frieden mit Gott, was immer Du Dir unter ihm vorstellst. (Gott findest Du in jeder Zelle Deines Körpers, in jedem Deiner Worte, in jedem Deiner Gefühle und in jedem Deiner Gedanken. Du mußt nur danach suchen!)*

– *Lerne auch zu erfahren:*
IN DER RUHE LIEGT DIE KRAFT!
NUR IN DER RUHE FINDEST DU FRIEDEN
UND FRIEDEN FINDEST DU NUR IN GOTT.

1.

Das alles wollte ich meinem Kind nicht geben

Die Vergangenheit aufarbeiten

Ich glaube, als vor ca. 18 Jahren unser Marcus bei uns angeklopft hat, da begann ich das erste Mal über meine wenig schöne Kindheit und über mein Leben nachzudenken. Ich begann dadurch auch das erste Mal, über den Sinn meiner 20jährigen Erkrankung nachzudenken.

Mir ist noch lebhaft in Erinnerung: Ich fragte mich damals, was ich denn nun als Vater meinem Kind eigentlich für sein Leben geben könne. Ich fragte mich, welche Inhalte, Werte, also »Schätze« meines Lebens nun für ihn zum Weitergeben bereitstehen, welche Wahrheiten und Weisheiten ich ihm vermitteln und für sein spateres Leben mitgeben könne ... und ich hatte den deprimierenden Eindruck von mir selbst: meine Hände sind leer.

Aber eines wurde mir schlagartig klar: Was ich auf keinen Fall wollte, war: **Der kleine Marcus sollte die Erfahrungen, die ich in meiner eigenen Kindheit machen mußte, bei mir nicht machen müssen, nämlich: erlebte Lieblosigkeit, Ablehnung, Schläge, tiefe Demütigungen und Ängste. Mir** wurde klar: **All das, was ich als Kind erlebt habe, das will, ja das darf ich nicht an mein eigenes Kind weitergeben. Sonst bin ich nicht viel besser als all die, die mir das angetan haben.**

Ich glaube, ich begann damals, wenn ich an seiner Wiege saß, ihn fütterte oder wickelte und dabei nachdachte, das erste Mal sehr deutlich, meine eigene bis dahin wenig wahrgenommene Kindheit als eine schwere Hypothek für mich selbst, für mein Leben, aber damit nun auch für meinen Marcus zu empfinden. Nach 35 Jahren meines Lebens begann ich, alle diese Dinge das erste Mal endlich wahrzunehmen.

Als mir das alles immer stärker bewußt wurde, wollte ich nun diese Kindheit, Jugendzeit, Krankheit usw. bearbeiten bzw. aufarbeiten ... und mir war klar, das geht nicht ohne Hilfe.

Ich begann nun erst zögernd, dann Schritt für Schritt meine Kindheit und Jugendzeit, d. h. Erziehung, Prägung, Erfahrungen, Elternhaus und die daraus entstandenen Hintergründe zu meiner Erkrankung und mein Leben in jahrelanger Kleinarbeit zu bearbeiten und aufzuarbeiten: durch Literatur, durch jahrelange Psychotherapie, durch Eigenanalyse, durch Selbsterfahrungs-Gruppentherapie und immer wieder Supervision, Meditation, Traumreisen, Hypnosetherapie, katathymes Bilderleben, aber auch den immer tieferen Einstieg in Glauben und Spiritualität usw.

... und mein kleiner Marcus war mein stärkster Motor dazu ... weil er für mich wichtig war. (Oder esoterisch gesehen: weil jetzt dieser Entwicklungsschritt anstand!)

2.

Mein Kind:

Mein bester Freund, Helfer und Therapeut

Aber: Was keine (Psycho)-Therapie so gründlich vermocht hätte, das hat der kleine Marcus allein durch seinen Einzug bei uns geschafft:

Wenn ich meinen kleinen Marcus auf meinem Schoß hatte und ihm sein Fläschchen gab, ihm die Windeln umlegte, später mit ihm auf der Erde herumtollte, Legosteine zusammensetzte, mit ihm zusammen malte, Puzzle spielte oder noch später radfahren, rechnen, schreiben oder Luftgewehrschießen übte, dann führte er mich dadurch automatisch wie durch einen unsichtbaren Spiegel wieder und immer wieder in die Erinnerungswelt meiner eigenen Kindheit, die wie vergessene Träume ständig in mir hochstieg.

Durch ihn wurde sie wieder lebendig. Durch ihn lernte ich im Lauf der Zeit auch meine eigene Kindheit besser einzuordnen und zu verstehen. Zeitweise ging es mir bei ihm sogar wie meiner Mutter in ihrer oft eigenen Hilflosigkeit und Aggression, die ich bei Marcus auch manchmal spürte, wenn er mich wieder (einmal völlig) ausgereizt hatte, d. h. ich mit der Situation nicht umgehen konnte.

Sein ewiges Fragen und Hinterfragen, auch seine kleinen Tricks, Schummeleien, Flunkereien und kleinen Lügen führten mich immer wieder tief an meine eigenen Grenzen und Gefühle. Alles das zwang mich, mich selbst immer wieder zu hinterfragen ..., und **ich lernte dadurch mich selbst immer besser kennen und verstehen.**

Durch ihn und seinen Erforscher- und Erfindergeist wurde ich wieder auf einer ganz anderen Ebene zur aktiven Auseinandersetzung mit meiner eigenen Welt und meinen mir selbst auferlegten Grenzen angeregt. Durch seine Impulse erkannte ich mich oft, wie gedankenlos ich bisher vor mich hinlebte, einfach so funktionierte, in einer Welt, die mir inhaltslos, monoton, ja selbstverständlich geworden war. Eine Erkenntnis, die mich oft maßlos erschreckte, mit wie wenig Bewußtsein ich bisher in meinen Gedanken, Gefühlen und Taten gelebt hatte.

Durch sein Verhalten in der Familie, gegenüber Spielkameraden und im Kindergarten, oder in Krisensituationen in der Schule, lernte ich die kindliche Seele meines Sohnes Marcus, auch seine aggressiven oder ängstlichen Verhaltensmuster immer besser »kennen« und mich damit auseinanderzusetzen. Das Deprimierende für mich daran war: Ich erkannte mich in vielem wieder, wie in meinem eigenen Spiegel, was mir oft schweres Unbehagen bereitete ... und ich lernte so, was Übertragung heißt.

Hätte mir vor der Geburt meines Marcus jemand gesagt, daß es möglich ist, daß mein eigenes Kind einmal mein bester Freund, Helfer und sogar Therapeut auf dem Weg zu mir selbst sein würde – ich hätte es nie geglaubt.

Heute weiß ich: Dieser Weg zu mir selbst konnte aber nur funktionieren, weil ich mich auch wirklich darauf eingelassen habe ... und die Liebe zu meinem Kind sowie es besser machen zu wollen, als ich es erlebt hatte, war der Motor dafür.

Keine Psychotherapie, keine Eigenanalyse hat mir auf dem Weg zu mir selbst so geholfen wie die Persönlichkeit des kleinen Marcus, einfach dadurch, daß er da ist, weil er ist, wie er ist ... und weil ich ihn als mein Kind schließlich liebe ... und weil ich mich wirklich auf ihn und mich eingelassen habe – und ich, soweit es mir möglich war, für ihn nicht nur Vater und Erzieher war. Heute mit 51 bin ich meinem inzwischen schon sehr erwachsenen Sohn Marcus sehr dankbar dafür. Dankbar dafür, daß er lebt, dankbar dafür, daß er da ist, dankbar dafür, daß er da sein darf.

... Und nun bin ich dabei, etwas Neues zu lernen: ihn in seiner Erwachsenenrolle zu erleben – und ihn loszulassen. Ich habe dabei immer wieder Höhen und Tiefen erlebt – und oft auch wieder das Gefühl der Ohnmacht, wieder in meine alten, in der Zwischenzeit wohlbekannten Muster zurückgefallen zu sein, wieder einmal versagt zu haben. Heute weiß ich: Leben ist Rhythmus und alles hat seine Berechtigung. Auch ein Papa, der nicht perfekt ist (nicht perfekt sein kann!). Wichtig ist das Bemühen!

3.

Frieden schließen:

Mit den Eltern,
der Vergangenheit und dem Leben

Als auch ich auf dem Hintergrund meiner Kindheit und Erkrankung, d. h. durch viel persönliches Leid über mindestens
vier Jahrzehnte meines Lebens immer besser die Gesetze und
Inhalte dieses bzw. meines Lebens verstanden habe, habe ich
auch mit meiner Mutter und mit meiner Vergangenheit Frieden
geschlossen, wirklich Frieden. Nur wie immer: leider viel zu
spät. Denn meine Mutter weilt schon lange nicht mehr unter
uns. Zeitweise, wenn ich sie heute besuchen gehe, ihr Grab
bepflanze oder die Grabblumen gießen gehe, halte ich Zwiege-
spräch mit ihr.

Es könnte sein, daß vielleicht beim Lesen meiner Erinnerungen über mein Leben und meine Mutter der Eindruck entstanden ist, daß ich sie »schlecht mache«. Weit gefehlt. Damals als
Kind habe ich sicher sehr unter ihr gelitten. Aber das ist lange
vorbei.

Heute sehe und verstehe ich: Ja, sie war eine Cholerikerin,
aber auch sie konnte nicht anders sein, als sie war. Ihr
Pflichtbewußtsein gab ihr den Mut und die Kraft zum (Über-)
Leben.

Sie hätte mich ja – gerade in der »schlechten« Zeit – auch ab-
treiben lassen können, aber das konnte sie sicher mit ihrem
Glauben nicht vereinbaren, was ich ihr heute hoch anrechne.

202

Sie hat für sich und uns Kinder verbissen gearbeitet, damit wir leben konnten.

An den Wochenenden hat sie, so einfach auch unser Leben war, immer gewaschen und wieder und immer wieder unsere abgetragenen und zerschlissenen Sachen geflickt, damit wir wenigstens, wenn schon arm, so doch sauber herumlaufen konnten.

Nach außen hin ist sie doch immer wieder zu mir gestanden ... und welche Schande muß es für sie bedeutet haben, ein Ausländerkind aufzuziehen, noch dazu unehelich – in der damaligen Zeit!

Obwohl sie evangelisch war, hat sie versucht, mich katholisch zu erziehen – eben so, wie sie es verstanden hat.

Mutter war eine einfache Frau. Würde sie meine Zeilen lesen – es könnte sein, sie wäre entsetzt. Denn sie würde wie immer sagen: *»Und für DEN habe ich gehungert und gedarbt!«*, *»Du könntest auch dankbarer dafür sein, daß ich Dir das Leben gegeben habe«* – so sagte sie gern.

Wenn ich das jetzt schreibe, so sehe ich sie geradezu vor mir und ich lächle in mich hinein. So war sie. Das war eben ihre Wahrheit, die mich HEUTE nicht mehr belastet. Heute, 51jährig, lebenserfahrener als damals und selbst Psychotherapeut, verstehe ich Mutter gut. Jetzt mag ich sie, kann sie annehmen, wie sie war ..., denn sie ist meine Mutter. Und je älter ich werde, desto besser verstehe ich sie, die für mich Mutter und Vater gleichzeitig sein mußte, denn:

- Auch ich spüre nun langsam, daß sich auch für mich der Kreis des Lebens zu schließen beginnt.

- Ich spüre dabei: je älter mein Sohn wird, desto älter werde ich und werde auch eines Tages meinen Platz auf dieser Welt verlassen – so wie Mutter.

- Eines Tages wird auch mein Marcus – vielleicht als erwachsener Mann – ebenso vor seiner Kindheit – vor seinem Leben – stehen, so wie nun ich.

- Auch er wird eines Tages alles bearbeiten müssen, wie wir alle! Vielleicht auch dann, wie ich, wenn er selbst einmal Vater wird oder in Lebenskrisen gerät, die mehr verlangen als nur handeln.

- Durch das Leben, aber auch durch meine Patienten habe ich sehen und verstehen gelernt, daß sich die Inhalte und Muster unseres Lebens geradezu gesetzmäßig wiederholen. Denn alles im Leben entspringt letztlich einem sich immer wiederholenden Kreislauf … und ich wünschte mir sehr, daß mein Marcus einmal diese tiefen spirituellen Gesetze vom Kreis des Lebens bzw. den Kreisen der Leben versteht – um mich nun in meinen jetzigen Gedanken zu verstehen.

- Dazu fällt mir ein Spruch ein, den ich an einer Hauswand in Südtirol las, welcher im übertragenen Sinn wunderbar zum Thema paßt:

»Dies Haus ist mein – und doch nicht mein.
Der vor mir war, dacht' auch, es wär' sein.
Doch er zog aus – und ich zog ein.
Bin ich einmal tot, wird es wieder so sein.«

4.

Das Königskind

Schlußbetrachtung:
auch aus meiner psychologisch-
psychotherapeutischen Sicht

Häufig erlebe ich Patienten in der Praxis, die in bestimmten Phasen ihres Lebens mit ihrer Lebenssituation (dem Partner, den Kindern, den Eltern, Kollegen usw.) oder mit dem Leben an sich, aber häufig mit sich selbst und ihrer eigenen Gefühlswelt nicht recht klarkommen.

Diese Menschen zeigen dann darin ein seltsames, für Außenstehende kaum verstehbares Durcheinander. Sie sind, was ihre Gefühle betrifft, oft von dem, wie es andere sehen und empfinden, weit entfernt. Sie sehen und empfinden ihre eigene Gedanken- und Gefühlswelt als DIE Wirklichkeit des Lebens – und leiden oft daran, ohne es zu bemerken.

Diese Menschen wirken manchmal seltsam schrullig, oft liebenswert, zeitweise auch (etwas) weltfremd. In Krisenzeiten zeigen sie oft wenige Wurzeln im Leben. Sie wirken, negativ gesehen, zeitweise auch **egozentrisch.**

Sie zeigen manchmal wenig Anpassungsbereitschaft, des öfteren lassen sie kaum etwas anderes gelten als ihre eigenen Gedanken und ihre eigene Meinung. Sie möchten oft auch gern, daß sich andere so verhalten, wie sie es gern hätten. Manche von ihnen beherrschen die »Kunst« des sprachlichen Manipulierens anderer Menschen exzellent.

Sie haben zeitweise für das »Wie« des Lebens relativ unklare, neblige bis weltfremde Vorstellungen, aber oft sehr klare Vorstellungen, was am Ende für sie herauskommen muß oder wie sich andere verhalten sollen (siehe Lehrerin von Marcus: häufig unklare Aufgabenstellung, aber Kritik, wenn das Ergebnis nicht ihren Vorstellungen entsprach).

Solange sie in der Partnerschaft nicht bedrängt werden und ihre eigene, oft ausgeprägte individualistische Gedanken- und Gefühlswelt auch einbringen können, sind sie liebenswerte Menschen. Sich mit den Problemen **anderer** zu beschäftigen, auch für diese da zu sein oder aber im Krisenfall diese heftig zu attackieren, ist bei einigen von ihnen geradezu ihr Hobby. Diese »Streithähne« beschäftigen auch gern Rechtsanwälte und Gerichte! Wenn man sie allerdings fragt, was sie da eigentlich tun, dann bekommt man oft dubiose Erklärungen, die von einem Außenstehenden, besonders Ratiomenschen, kaum nachvollziehbar sind.

Weil ihre oft »gefühlschaotische« Welt für Außenstehende meist wenig verstehbar ist, stoßen sie gerade gern bei »Kopfmenschen«, die für alles im Leben Klarheit und Sachlichkeit brauchen, auf Unverständnis.

Wenn sie allerdings in »Machtpositionen« sitzen (Lehrer, Chef usw.), werden sie wegen ihrer zeitweiligen Unberechenbarkeit, ihrer manchmal undurchsichtigen, geradezu nebligen bis zickigen Reaktionen, Handlungen und Denkweise usw. (von Untergebenen, Mitarbeitern, Schülern, Eltern usw.) mit großer Vorsicht behandelt. Das Reaktionsmuster der anderen ist dann, entweder sich mit ihnen »gutzustellen« (oft Elternhaltung!)

oder ihnen auszuweichen. Mit ihnen zu streiten hat meist keinen Zweck – sie müssen sowieso immer recht haben.

Ein Praxisfall:

Eine Frau »bestrafte« ihren Mann immer mit tagelangem Rückzug in die Küche und verbissenem Schweigen, die zu ihrer unsichtbaren, aber dauerhaften »Schmollecke« wurde, wenn es nicht nach ihrem Kopf ging. Ihr Kernspruch war: *»Ach red' doch Du – ich mache sowieso wie ich will.«* Ihre Tochter übernahm unbewußt die Haltung der Mutter (Opfer-Täter-Rolle). Sie war somit maßgeblich mit dieser geradezu partnerschaftsfeindlichen Lebenshaltung (Egozentrik) ihrer Mutter unsichtbar am Untergang ihrer eigenen Ehe beteiligt, weil sie gerade da, wo es um Partnerschaft ging, das »ICH« ihrer Mutter, aber kein gemeinsames **inneres** »WIR« lebte. Die Schuld am späteren Zerbrechen ihrer Ehe gab sie natürlich ihrem Ehemann.

Die Reaktionsmuster von einigen dieser Menschen sind zeitweise – wenn sie nicht ihren Willen bekommen oder es eben nicht nach ihrem Kopf geht – unberechenbare Ausbrüche und Handlungen oder auch beleidigter, für andere kaum verstehbarer Rückzug in eine Schmollecke mit tagelangem, hartnäckigem Schweigen, aus dem sie dann nicht so schnell hervorkommen … und der andere fragt sich voller Schuldbewußtsein: »Was um Gottes Willen habe ich denn jetzt schon wieder falsch gemacht?«

Diese Menschen sehen oft gern den Splitter im Auge des anderen, aber sie übersehen oft sozusagen den Balken im eigenen Auge.

Zeitweise klagen sie auch andere wegen ihrer Art an, daß diese sie nicht verstehen. Entsprechend ihrer eigenen (zeitweise egozentrischen) Wahrheit geht es aber dann immer um die anderen: die sind doch die Mimosen im Leben, die haben doch Probleme, die sind doch so unsensibel und verstehen mich, meine Gedanken und Gefühle nicht. Die anderen sind dann unter Umständen auch an der Misere meines Lebens schuld, usw.

Manche von ihnen können auch (ständige – unverbesserliche) Meckerer oder Mauler sein. Wenn sie verärgert sind, dann sticheln, bohren und pieksen sie gern bei anderen. Spricht man sie darauf an, so zeigen sie zeitweise gern eine Art arrogante bis beleidigte Abwehrhaltung, denen wieder einmal irgendwo, irgendwie, irgendwer, irgend etwas nicht paßt.

Zeitweise sind es auch stumme Menschen, die mit dem Augenaufschlag eines waidwundgeschossenen Rehs mit einer spürbaren (beleidigten-Leberwurst-)Haltung zeigen, daß (wieder einmal) irgend etwas nicht paßt, was aber nicht ausgesprochen wird und doch unheilvoll im Raum steht (weil ihnen auch selbst nicht bewußt ist, was sie steuert).

Diese Menschen haben oft auch eine wunderbare Art, eine Opferrolle einzunehmen, so daß der andere sich einfach schuldig fühlen muß und er weiß nicht, warum. Die Taktik, oft mit Schuldgefühlen und Schuldzuweisungen zu arbeiten oder zu argumentieren, macht sie zu Menschen, mit denen man vorsichtig umgehen muß.

Häufig erkennt man diesen Typ Mensch schon an der Sprache. Sie reden zeitweise viel, aber immer irgendwie unklar. Oft bringen sie die »Sache« wenig auf den Punkt. Ja, zeitweise nebeln sie sich von der Sprache her direkt ein. Manche von ihnen reden auch sozusagen immer um den heißen Brei herum, ohne klar zu sagen, worum es eigentlich geht, weil ihre eigene, oft unklare Gefühlswelt auch kaum Klarheit zuläßt.

Andere von ihnen gehören zur Gruppe der Seltensprecher oder Schweiger, bei denen man nie weiß, woran man ist. Andere von ihnen reden völlig gespreizt, geziert, pickiert und überkontrolliert und hätten gern, daß alle anderen auch ihre Sprache reden, auf die sie andere dann »festnageln«.

Aber diese Menschen hätten auf der anderen Seite gern, daß die Umwelt, der Partner usw. sie doch bitte versteht – nein, besser ihre Gefühle und Gedanken erahnt … Häufig jedoch gibt es deshalb Auseinandersetzungen, weil der andere sie – noch besser ihre Gedanken und Gefühle – wieder einmal nicht verstanden hat.

Einige von ihnen reden oft so: »*Na ja, man hat halt so seine Probleme*«, statt einmal klar zu sagen »ICH« habe z. B. (mit Dir) ein Problem … was der andere aber stimmig erahnen soll. Wenn er aber »unsensibel« genug ist, nicht zu verstehen, weil er eben anders denkt, gibt es unter Umständen schmollenden Rückzug oder sogar heftige, oft unberechenbare Ausbrüche oder sogar Strafaktionen gegenüber dem anderen, wenn der nicht so funktioniert, wie es sich dieser Mensch vorstellt.

Wenn Sie erstaunt sein sollten, weil sie nun z. B. Ihre(n) Partner(in) gerade wiedererkannt haben, dann schließe ich mit Ihnen eine Wette ab: Geben Sie das einmal genau diesem Partner zu lesen. Er wird stimmig sagen: »*Ja, das bist Du!*«

Genau das ist die Crux mit diesen Menschen. »Erkenne Dich selbst« ist eben wahrlich nicht ihre Stärke. Wenn sie zu sehr auf ihrer Schattenseite leben, dann projizieren sie auch gern Schuld – auf andere – und leben in der Schattenwelt ihrer eigenen nebligen, oft beleidigten Mißempfindungen und Opferhaltung – und sind wieder einmal beim Sumpftreten in der Welt ihrer eigenen Gefühle.

Da sie mit ihrer eigenen Schattenwelt – insbesondere mit ihrer eigenen undurchsichtigen Gefühlswelt – oft nicht »klarkommen«, fühlen sich diese Menschen auch zeitweise krank. Da sie oft übersensibel sind, hören manche von ihnen in ihrem Inneren oft geradezu »das Gras wachsen«. Deshalb zwickt es oft auch hier und da. Alle möglichen Wehwehchen und Krankheiten können dann ihr eigen sein.

Deshalb haben so manche von ihnen schon eine arztreiche Geschichte (hinter sich). Sie bekommen zeitweise die Diagnose »psychosomatisch« zu hören, was sie geradezu nervös macht, denn sie sind doch nicht eingebildet krank!

Sie spüren doch genau, daß etwas fehlt! Nur die Ergebnisse von Untersuchungen zeigen meist keinen krankhaften Befund.

Vielleicht haben Sie es schon gemerkt: es handelt sich hier um eine weit verbreitete Charakteranlage. Wir nennen ihn in der Psychologie den Menschen vom narzißtischen Typ.

Auf ihrer Sonnenseite sind sie liebenswert, in der Regel geradezu aufopfernd für andere Menschen, Ideen und Dinge, die ihnen wert sind und da sind sie auch ungeheuer leistungsfähig. Auf ihrer Schattenseite können sie egozentrisch, neblig, unberechenbar, oft auch spitz und aggressiv sein, insbesondere, wenn es um die eigene ICH-Abwehr geht oder um Menschen und Dinge, die sie nicht mögen.

Wie man sieht: die unterschiedlichen Verhaltensmuster dieser Menschen können so bunt sein wie ein Regenbogen Farben hat … von deren Verschiedenheit ich hier ganz bewußt eine Vielzahl von möglichen Seiten dargestellt habe – wie ich sie in den Psychotherapien immer wieder zu sehen bekomme.

Diese facettenreichen Schattenanteile, die ich hier gerade dargestellt habe, entstehen fast ausschließlich auf dem Hintergrund eines gewissen (Gefühls-)Durcheinanders, das den Betroffenen völlig unsichtbar aus seinem Unterbewußtsein heraus steuert.

Dieses sogenannte Durcheinander, d.h. diese Unstrukturiertheit, bringt das Kind entweder schon als (seelisch-geistige) Wesensanlage mit. Die andere Möglichkeit könnte sein, daß das Kind ungünstige Erlebnisse (schon im Mutterleib), später Prägungen, Erziehung und Erfahrungen im Elternhaus, Großeltern, Kindergarten, Schule, Umwelt usw. erfährt, wodurch dieses seelisch-geistige Durcheinander eine Mischung aus Verunsicherung und Angst mehr oder minder stark erzeugt wird.

Unsere heutige Zeit, mit ihren ungeheuren Möglichkeiten der Reizüberflutung, der ich-bezogenen Denkweise, der Leistungsüberforderung und dem Streß, den zerstörten Ehen, dem Verfall von ethischen, moralischen, sozialen Werten und Maßstäben usw. ist geradezu dafür gemacht, daß ein Kind in sich selbst kaum mehr Ruhe, Frieden, Ordnung und Sachlichkeit, aber insbesondere kaum mehr Stabilität finden kann... und als Folge dieser Verunsicherungen und Ängste statt Struktur unter Umständen gewisse narzißtische Züge annimmt.

Auch unsere materialistisch gesteuerte, mitteleuropäische Welt wird immer mehr zu einer Welt der Individualisten, der Einzelkämpfer und Einzelkinder mit oft narzißtischer Grundprägung, denen häufig ein »WIR« fehlt.

Diese Menschen zeigen dann im Leben nur bedingte Anpassungsfähigkeit. Auch eine seltsame Art von Eigenbrötlertum bestimmt oft ihre Welt. Das Fernsehen und ihr isolierendes Daheimbleiben fördert noch dieses Verhalten. Kleinfamilien, eher isoliert, mit wenig Bindung nach »außen«, fördern noch diese Haltung.

In der Arbeitswelt sind sie oft keine idealen Team-Mitarbeiter, weil sie zu stark ihren Individualismus leben. Wen wundert es, daß sie deshalb auch zeitweise mit ihrer Partnerschaft, mit ihren eigenen Gefühlen, mit einem WIR nicht klarkommen, wo sie doch eine so (un)klare ICH-Vorstellung haben.

Es sind Menschen, die, wie alle anderen Menschen auch, mit dem Anspruch auf diese Welt gekommen sind, KÖNIGSKINDER zu sein, die aber auf diesem Weg zu wenig oder zu stark verunsichert oder angstbesetzt er- oder verzogen bzw. geprägt worden sind.

Aufgrund dieser Prägungen, Erziehung und Erfahrungen entsteht in so manchem Menschen irgendwann einmal die Idee, daß sich alles um sie zu drehen hat und jeder sich doch bitte an sie, ihre Gedanken und Gefühle anpassen soll.

Die berühmte verwöhnte Göre, mit der schreienden, plärrenden Rumpelstilzchenhaltung, die immer nur das eine will und nichts anderes – die so die ganze Umgebung in ihr System (er)preßt – und wenn alles nicht mehr geht, dann holt sie sich eben durch Krankheit, aber am besten gleich durch einen Asthmaanfall Aufmerksamkeit – sie sei hier leuchtendes Beispiel der Schattenseiten einer narzißtischen Grundstruktur (nur: die Haltung dieses Kindes kommt nicht von ungefähr: hier sei es durchaus erlaubt, sich einmal das Elternhaus anzuschauen).

In der Welt der Märchen finden wir hier u. a. die Prinzessin auf der Erbse als narzißtische, übersteigerte Hypochonderin. Gleichfalls im Märchen vom Froschkönig die Prinzessin, der der Frosch als Retter in der Not gut genug war, sie dann aber narzißtisch pikiert vor ihrem Helfer davonlief, ihr Versprechen nicht hielt, ihn gespreizt, zickig, pikiert an ihrem Tisch nicht duldete, ihn aber dafür von Ekel durchzogen gegen die Wand schleuderte.

Eine mögliche Lösung dazu zeigt das Märchen von König Drosselbart. Wie Sie sehen:

Ein wirklicher König seines eigenen Lebens zu werden, ist wirklich nicht einfach.

5.

Mein/unser Königskind

Auch unser Sohn Marcus war und ist für mich ein solches KÖ-NIGSKIND, jetzt auf dem Weg, einmal selbst König zu werden.

Meine ganze schlimme Kindheit hat damals unterbewußt in mir die Haltung erzeugt: Wenn ich einmal Kinder habe, mache ich alles anders. Auch die Mama war der Meinung, daß sie bei unserem Marcus vieles anders und besser machen wollte, als ihre Eltern es bei ihr getan haben.

Und somit war und ist der Marcus unser KÖNIGSKIND, wie insbesondere alle Einzelkinder noch viel eher Königskinder sind, als bei Geschwistern, wo die Eltern teilen müssen.

Der Marcus ist bei uns immer im Mittelpunkt der Familie gestanden. Jeder war immer irgendwie für ihn da. Wir haben versucht, ihm soviel Liebe zu geben, daß es unserer Meinung nach für drei gereicht hätte. Ihn in allem, was er tat, anzuerkennen, ihn immer wieder zu bestätigen, zu loben und zu motivieren, war mein oberstes Gebot. Not, Leid usw., so wie ich, hat er Gott sei Dank nie kennengelernt – ganz im Gegenteil!

Auch die Großeltern haben ihn nach »Strich und Faden« verwöhnt, ja aus ihm noch zusätzlich ein bestätigtes und verstärktes KÖNIGSKIND gemacht.

Unser Marcus ist von uns beschützt, behütet, ja geradezu überbehütet und so weit wie möglich von allen Belastungen dieses Lebens ferngehalten worden. Er hatte als Einzelkind auch nie

Konkurrenz, hat sich nie durchsetzen müssen. Er hat (leider) in unserer Familie nie gelernt, was sich mit anderen Kindern streiten, sich durchsetzen, sich anpassen, tolerant sein oder Verlierer zu sein heißt, weil keine anderen Kinder da waren.

Wir Eltern wollten für unseren Sohn immer alles gut, oft zu gut machen, wie ich heute sehe. Wir sind immer auf ihn und seine Stimmungen, Gedanken und Wünsche eingegangen.

Von Seiten der Großeltern gab es zu uns auch noch ein totales Konkurrenzverhalten: Noch bessere Kleidung, noch schöneres Spielzeug, ein noch besseres Wochenendprogramm usw.

Ja, Marcus hat als Frucht dieser Uneinigkeit bald gelernt, uns kräftig gegeneinander auszuspielen, nach dem Motto: Wer mir z.B. am Wochenende das bessere Programm bietet (Essengehen, Eisessen, Radlfahren usw.), zu dem gehe ich … und wir haben das alles mitgemacht, was mich heute sehr ärgert – wenn ich daran zurückdenke. Aber es ging ja um das Wohl unseres Kindes … und den »lieben Frieden« in der Familie.

Für mich ist heute, auch aus psychotherapeutischer Sicht, klar:

Vieles von mir und meiner und unserer (zu) gutmütigen Haltung war so nicht in Ordnung. Auch wir haben ein KÖNIGSKIND als KÖNIGSKIND erzogen und geprägt. Was jedoch als bisherige Charakteranlage daraus geworden ist, ist heute sichtbar eine deutliche, sehr sensible, aber durchaus auch narzißtische, individualistische Grundhaltung. Inwieweit diese so stehenbleibt oder sich noch verändert, weiß ich nicht, denn unser Königskind ist ja noch »lange

nicht fertig« und noch sehr entwicklungsfähig ... und der Weg bis zum König ist noch weit ... und will verdient sein.

Heute sehe ich jedoch: Früher öfter einmal ein klares Nein von uns Eltern, klareres Abgrenzen usw., und nicht immer sofort die Erfüllung aller Wünsche wäre in unserer Erziehung unserem Königskind gegenüber durchaus sinnvoll, ja öfter einmal sogar notwendig gewesen. Auch die klare Auseinandersetzung mit den Großeltern, um dieses ewig spannungsgeladene, ungute, überverwöhnende Konkurrenzsystem abzuschaffen, wäre notwendig gewesen. Diese Auseinandersetzung hat es aber wegen des sogenannten »lieben Friedens willen« in der Familie (aus heutiger Sicht leider) nie gegeben.

Nun ist unser Königskind auf seinem Weg, um König zu werden und ich sehe vieles an ihm, worauf ich stolz bin. Natürlich ist er noch nicht ausgereift und viele Samenkörnchen unserer Erziehung schlummern noch in ihm. Wenn ich ihn manchmal so in seiner jetzt stark pubertierenden Art erlebe, werde ich auch nachdenklich ... denn ich als Vater hätte es schon gern, daß er einmal ein **wirklicher KÖNIG** wird, der mit Selbstvertrauen sein Leben gestaltet, was sich wohl alle Eltern für ihre Kinder wünschen.

Was ich nicht möchte, ist, daß mein Sohn einmal, wie so viele andere, die ich zeitweise in den Psychotherapien erlebe, im späteren Leben ein schmollender, stampfender Rumpelstilzchenkönig wird mit narzißtischen, unklaren und nebligen oder beleidigten, auch aggressiven oder wütenden Reaktionsmustern, der in all seiner Haltung zeigt: Ich will doch KÖNIG sein – es aber nie sein wird.

Auch mein Marcus wird auf seinem Lebensweg noch viel zu lernen haben – wie wir alle, – denn dafür sind wir ja auf dieser Welt ... und ich als Vater werde ihm (leider) nichts von seinem Lebensweg abnehmen können – auch wenn ich es gern möchte.

Mir bleibt nur, darauf zu hoffen, daß möglichst viele der Samenkörnchen, die wir einmal in unser Kind hineingelegt haben, eines Tages Wurzeln und Blätter treiben und hoffentlich viele schöne Blüten und Früchte zeigen werden.

... und so wünsche ich meinem Marcus – wie jedem anderen Kind auch – daß auch er einmal, wenn die Zeit reif ist, ein echter, **weiser und selbstbewußter KÖNIG** wird.

Für Dein Leben:
Alles Liebe, Dein Papa
im März 1997

Biographie des Autors

Der Autor:

Der Autor Carlo Weichert wurde am 2. Oktober 1945 im völlig zerstörten Nachkriegs-Berlin geboren.

Mit 1½ Jahren mußte er mit der Diagnose »unterernährt und beidseitige offene Lungentuberkulose« für zwei Jahre in ein Sanatorium. Antibiotika und Tuberkulostatika retteten ihm sicher das Leben.

Seine ersten Erinnerungen setzen da ein, wo ihn eine völlig fremde Frau aus dem Krankenhaus abholt, zu der er nun »Mutti« sagen soll.

Auf der Heimfahrt mit der Straßenbahn durch die zerstörte Stadt sah er seine späteren Spielplätze: zerbombte Häuser, Trümmer und Keller.

Er wuchs in einer kleinen Wohnung im 4. Stock im Bezirk Kreuzberg auf.

Seine Mutter war sehr arm. Sie mußte den ganzen Tag über arbeiten, denn sie stand mit zwei Kindern allein da. Er war ein Schlüsselkind, einsam und allein. Immer wiederkehrende Krankheit bestimmte seine Kindheit ... und sein späteres Leben.

Mit dem 15. Lebensjahr begannen immer zunehmende Schmerzen im Rücken und insgesamt im Gelenksystem. In den nachfolgenden 20 Jahren erlebte er eine unglaubliche Odyssee durch viele Arzt- und Facharztpraxen, auch durch Kliniken, immer auf der Suche, was ihm eigentlich fehle. Schmerzen, Ängste und Depressionen waren sein täglicher und nächtlicher Wegbegleiter … und täglich große Mengen von Medikamenten, über einige Jahre auch Psychopharmaka.

Endlich, mit seinem 38. Lebensjahr, stand die Diagnose: Morbus Bechterew. Diese für ihn niederschmetternde Diagnose vermittelte ihm sein Internist so: »Sie haben halt eine unheilbare Krankheit, damit müssen Sie eben leben.«

Nachdem er sich nach Monaten von diesem Schock erholt hatte, begann er in München im Ganztagsunterricht ein sechssemestriges Heilpraktikerstudium.

Die Jahrzehnte seiner Erkrankung sieht C. Weichert heute als eine Zeit der Suche und Vorbereitung: »Da Ärzte mir nicht helfen konnten, studierte ich, immer auf der Suche nach Hilfe, schon lange vor dem Heilpraktikerstudium die Naturheilverfahren, alternative Medizin, aber insbesondere Infektionslehre, Rheumatologic, Immunologie, Mikrobiologie und schließlich naturheilkundliche Ganzheitsmedizin.«

Er absolvierte danach weiter die Schule für Psychologie und Psychotherapie, machte Ausbildungen in Gesprächstherapie, NLP, Hypnotherapie und Focusing.

Philosophie, Theologie, Esoterik und Spiritualität prägten dabei immer mehr sein Leben, wurden seine Begleiter und schließlich zu seinem Lebensinhalt.

Heute ist C. Weichert erfolgreicher Heilpraktiker, Psycho- und Familientherapeut. Er lebt und arbeitet im Chiemgau in der Nähe von Traunstein in seiner Praxis für naturheilkundliche

Ganzheitsmedizin, Psycho- und Familientherapie sowie Heil-
hypnose.

Er ist auch seit vielen Jahren gefragter Dozent an den
Volkshochschulen seiner Landkreise, an den Kreisbildungs-
werken der Kirche sowie bei Heilpraktiker- und psychologischen Tagungen und Kongressen und Radiosendungen.

CARLO WEICHERT

BUCHBESPRECHUNG:

Krank durch Antibiotika aus ganzheitlicher Sicht

Der Autor, Heilpraktiker und Psychotherapeut Carlo Weichert stellt in seinem Buch anhand vieler eindrucksvoller Praxisbeispiele den seelischen und körperlichen Krankheits- und Leidensweg seiner vielen kleinen und erwachsenen Patienten dar. Er beschreibt, wie er diese oft sehr krank und völlig hilflos am Ende einer Kette langen auch seelischen Leides aufgrund von zu häufigen Antibiotikatherapien in seiner Praxis erlebt.

Zentrales Thema dieses Buches ist der Mensch aus ganzheitlicher Sicht, dem man in der sog. »Apparatemedizin« wenig gerecht wird. Plastisch beschreibt der Autor die körpereigene Bakterienwelt, das fast unbekannte Öko-System Mensch und in seinem Mittelpunkt die Darmflora in ihrer immer noch völlig verkannten Wichtigkeit.

Er zeigt, daß – und wie – insbesondere Antibiotikatherapien gerade hier schwere gesundheitliche Störungen verursachen können, die dann zu unerkannten Wegbereitern vieler schlimmer Folgeerkrankungen werden. Ketteninfektionen bei Kindern und Erwachsenen, Verdauungs- und Allergieprobleme, Candida- und Schimmelpilzbefall, Ekzeme und Hautprobleme sowie die gesamte Summe der psychosomatischen Problemstellung sind Themeninhalt dieses gelungenen Buches, das sehr nachdenklich macht.

Als aufklärendes Buch über Antibiotika und deren Folgeschäden, hat der Autor es für Patienten, Interessierte, aber auch für Behandler geschrieben. Es spricht eine einfache und leicht verständliche Sprache. Viele gesundheitliche Ratschläge und Therapiehinweise aus langer eigener Praxiserfahrung runden dieses unbedingt lesenswerte und informative Buch ab.

ISBN-Nr. 3-931618-005   Seit 1995 im Buchhandel erhältlich

EDIS-Verlag

CARLO WEICHERT

DER ANDERE ELTERNRATGEBER

Pilzerkrankungen, Infektanfälligkeit und Allergien bei Kindern

aus naturheilkundlicher, mikrobiologischer und ganzheitsmedizinischer Sicht

Ein Großteil unserer heutigen Kinder ist krank ... und die meist hilflosen Eltern erleben mit ihnen oft eine unbeschreibliche Odyssee durch die Arztpraxen, zeitweise auch Klinken.

Unerkannt leiden viele von ihnen an Störungen der Mikro-, Bio-, Ökologie des kindlichen Darmsystems und der anderen Ökosysteme, welche das kindliche Immunsystem meist schwer belasten, oft auf dem Hintergrund von zu häufigen, gutgemeinten Antibiotikatherapien, Umweltbelastungen, Wohlstandsmischernährung und Störungen des kindlichen Seelenlebens.

Die typischen Folgen davon sind: unsichtbare, hartnäckige Pilzerkrankungen, immer wiederkehrende Infektanfälligkeit und schlimme Allergien, oft auch als verkoppelte Krankheitsbilder, die unseren Kindern schwer zusetzen, und dazu die Sorge und Hilflosigkeit der Eltern.

Anhand vieler Praxisbeispiele aus seiner psychosomatischen Naturheilpraxis zeigt der erfahrene Autor, wie nur die Verbindung von naturheilkundlicher-, mikrobiologischer und ganzheitsmedizinischer Sicht und Therapie unseren Kindern wieder eine gute und stabile Gesundheit zurückgeben kann.

ISBN-Nr. 3-310-00280-2   Erscheint im September 1997

WELTBILD/MIDENA VERLAG

CARLO WEICHERT

RATGEBER PSYCHOLOGIE FÜR JEDERMANN

Charakterstrukturen: Ich möchte Dich und mich endlich besser verstehen

Das Buch über unsere unsichtbaren Charakterstrukturen und bewußten bzw. unbewußten (Angst-)Steuerungen

Dieses Buch ist als Ratgeber für alle Menschen gedacht, die sich über sich selbst, über ihr »Warum bin ich so, warum ist mein(e) Partner(in), sind meine Kinder so?« Gedanken machen und nach Erklärungen suchen.

Der Autor, Heilpraktiker, Psycho- und Familientherapeut Carlo Weichert beschreibt unsere unbewußten bzw. unterbewußten Steuermechanismen, die wir allgemein als Charakter bezeichnen, in einfacher und lebendiger Art und Weise, auf dem Hintergrund jahrelanger Praxiserfahrungen mit hilfe- und ratsuchenden Einzelpersonen und Paaren.

Er beschreibt anhand vieler eigener Praxisbeispiele, wie Prägungen, Erziehung, Erlebnisse und Erfahrungen und die damit oft verbundenen tiefen unbewußten Ängste aus früher Kindheit die Gedanken- und Gefühlswelt von Kindern, aber insbesondere auch von Erwachsenen wie aus unsichtbaren Quellen steuern.

Im Zentrum dieses Buches steht die Betrachtung der warmherzigen Charakterstruktur des Oralmenschen, der heute immer problematischer werdenden narzißtischen Charakterstruktur und der Charakterstruktur des klar denkenden Verstandesmenschen als Schizotyp.

In der Verfeinerung der Charakterstrukturen beschreibt der Autor die angstneurotische Persönlichkeit, die depressive Persönlichkeit, die hysterische und aggressive Persönlichkeit und die Borderline-Persönlichkeit sowie Kombinationen daraus.

Des weiteren beschreibt der Autor anhand von vielen Praxisbeispielen, wie er diese Charakterkombinationen insbesondere in Familientherapien oft im dramatischen Zusammenprall erlebt. Weil die Menschen sich selbst und ihre Charakterfallen nicht kennen, so wird häufig der Partner zum »Sündenbock« für die eigenen unsichtbaren problembeladenen Steuermechanismen. Leid, Krankheit, Depression, Scheidung sind oft die Folgen – die nicht sein müßten.

»Sich selbst und andere (Partner, Kinder usw.) besser kennen- und verstehenlernen heißt heilen« – so der Autor, der mit dieser Methode gute Erfahrungen als Psychotherapeut bei vielen problembeladenen Patienten und in Therapiegruppen gemacht hat.

Erscheint Ende 1997